警察・ヤクザ・公安・スパイ

日本で一番危ない話

元警視庁刑事
北芝 健 Ken Kitashiba

さくら舎

目次●警察・ヤクザ・公安・スパイ
日本で一番危ない話

第1章　警察の危ない話

第2章　ヤクザの危ない話

第3章　公安の危ない話

第4章　スパイの危ない話

警察・ヤクザ・公安・スパイ
日本で一番危ない話

第1章　警察の危ない話

ビンタと蹴りの警察学校

東京都府中《ふちゅう》市に新任警察官のための研修施設、警視庁警察学校があります。私たちのころは中野《なかの》区にありました。修習期間は大卒採用が半年間、高卒採用が一年間で、その間は敷地内の寮で共同生活をすることになります。

私たちは「中野学校」と呼んでいましたが、それは、ここが旧陸軍のスパイ養成所として有名な中野学校の跡地だったからです。

スパイ養成所の存在が明らかになったのは戦後のことで、戦時中は軍部内でも極秘扱いにされ、継子《ままこ》扱いされていました。映画にもなりましたが、そこでの訓練は過酷《かこく》をきわめ、凄惨《せいさん》なものだったといわれます。

かつての私もそうでしたが、採用試験を受けて警察学校に入校したばかりの修習生《しゅうしゅうせい》は、警察組織のことなどなにも知らないド素人《しろうと》。教練《きょうれん》でも寮生活でも、慣れない作業にもたつくことがあります。すると、容赦なくビンタが飛び、蹴《け》りが入ります。

殴《なぐ》り合いの訓練というものもありました。名目は「逮捕術訓練」。お面《めん》と胴《どう》を着け、両手にグローブをはめて、修習生同士が本気で殴り合いをするのです。

最初のころはみんなびびって前に踏み出せない。すると教官が背後にまわって、太鼓《たいこ》のバチで背中をバチーン。その痛さは骨にまでズキーンと響きます。

逮捕術の教官は、関西でワルをやっていたけど、ヤクザになるのがいやだから警察官になったという筋金《すじがね》入りです。

どっちにしても痛いから、ケンカ慣れしていない者達はベソをかきながら相手に殴りかかりますが、まるでオネエ仕草の猫パンチ。見ているときはみんなゲラゲラと笑うけれど、自分がやる段になると、なかなか本気では殴り合えません。

それでも勇気を奮《ふる》い立たせてやっているうちに、一ヵ月もすると、だんだんできるようになります。いつまでも泣いているのは、横浜国大とか慶応とか、いいとこの大学を出た者ばかり。彼らだって二ヵ月後ぐらいにはそれが普通になり、平気で殴り合いができるようになるから、人間の順応力もすごいものです。

とくに最初の一週間は「篩《ふる》い落とし期間」といって、とりわけ厳しくやられます。私たちのクラスは五六人でしたが、この段階で一六人が、辞めたり、夜逃げしたり、脱落していきました。朝、目覚めて、また激痛の一日がはじまるかと思うと、大多数は言い知れぬ恐怖感に襲われます。だから、朝起きるのが怖くてしようがない。堪えきれず、夜中に脱走する者も出てきます。

警察学校の中に交番があり、夜中にも校内を巡回しています。当然、脱走者には気づいていますが、あとを追おうとはしません。「一人逃げた」と通報が入っても、知らん顔です。

朝の点呼のとき一人足りないので、部屋長が教官にその旨《むね》を報告します。教官もわかっていますから、それを人事に報告します。捜索が入るとやっかいなことになるので、「脱走」とはいいません。

「一人、離脱しました」

非情というか、クールというか、夜中に脱走するようではどのみち警察官は務まらない、ということで籍を抹消、それでおしまいなのです。

じつはこの一週間はまだ正式採用になっておらず、仮採用のようなものです。最初の一週間を無事に乗りきれたら採用、そこから巡査としての給料が発生します。ただし、警察学校にいるあいだは担任の助教《じょきょう》が預かっていて、各自に直接支給されることはありません。

一週間をすぎて正式採用になったあとで脱走したら職場放棄、処罰の対象になり、預けていたお金も没収です。教官にしても、責任をとらされますから、できるだけ避けたい。そこで、よく言われたものです。

「辞めるなら、いまのうちに辞めておけよ」

警察学校への入校試験は基本的に三科目。警察学校は一種の職業訓練学校ですから、社会常識がほとんどで、それにちょっとした英語、法律の引っかけ問題ぐらい。要は、入校後の体力訓練についていけるかどうかです。

私は大学を卒業後、一年間、民間の会社に勤めてから警察の採用試験を受けましたが、同様の有職経験者はけっこういました。

ＴＢＳやＪＴＢ、外資系企業などを退社してきた者もいて、「そんな優良会社を、なんでまた？」と首をかしげたくなりますが、志望動機は「いまの職場に嫌気《いやけ》がさしたから」がほとんどでした。

彼らはそれなりの決意ができていますから、とても優秀でした。だめなのは、イケメンで賢そうなやつ、たいてい途中で脱落していきました。

そのほかに、駒沢大卒の僧侶で、どこかの寺の住職をしていたという変わり種もいました。

もっとヘンなのは、中央大学法学部卒で司法試験の一次に合格したのに、それをやめて警察の試験を受けたというのがいました。

父親が「弁護士になれ、弁護士になれ」とうるさかったのでしかたなく司法試験を受けたけど、そのオヤジが死んじゃったので好きな警官になったのだという。一体なにを考えているのか……。

同期ではありませんが、暴走族あがりもいます。警察にはさんざん痛い目にあわされたから、今度は取り締まる側になりたい、というのも、立派な動機です。入れ墨を入れているのは不可ですから、焼きゴテで入れ墨を消し、傷だらけの身体で入ってきた者もいます。身体検査ではパンツまで脱がされて全身くまなく調べられます。中には、男の大事な部分の先っぽに入れ墨を入れたアホなのもいますから。

警察には詳細なリストがあり、いくらゴシゴシと足を洗ってきても、元ヤクザははねられてしまいます。

かくいう私も他人から見たら、「なんでまた警察に？」のクチかもしれません。

東北大学医学部卒で外科医の祖父が警察の嘱託医《しょくたくい》をしていた関係で、うちに刑事がぞろぞろやってきていて、小学生のころから、医師よりもそっちのほうがカッコいいなあと思っていました。

父親は慈恵《じけい》医大卒ですが、最初は超難関医学部に入っておきながら、いやだからとすぐやめて慈恵医大に転入、そこを出たら今度は慈恵医大で博士号を取るのがいやで、また国立大学に戻ったというヘンな経歴の持ち主です。インターンのときに自衛隊に行かされて、しばらく自衛隊の隊舎に住んでいたこともありました。

母親は東京女子医大卒の小児科の医師でしたが、そういう祖父や両親を見て育っても、医師が警察官よりおもしろい仕事だと感じたことは一度もありませんでした。

両親はまだ元気だし、自分がやらなくても、一〇歳年下の妹にやってもらえればちょうどいいや、自分は好きなことをやって楽しんで暮らそう……。どんな人生が楽しいか真剣に考えました。自衛隊もおもしろそうだけど、とうぶん戦争はなさそうだし、それなら、警察官にでもなるか、と。

修習生の生活ですが、六時の点呼が終わると、食堂に移って朝食です。凸凹《デコボコ》した一枚のプラスチック・トレイにおかずがちょっと、ご飯がドカッと乗っています。これをときには三分で食えと命令されるので、おかずとご飯を混ぜこぜにして、トレイを斜めにして口の中にガーッと流し込みます。咀嚼《そしゃく》しているヒマなどありません。見た目には残飯そのもの、ブタの餌《えさ》もいいところです。

朝めしを終えると、すぐ訓練開始です。

その日によって訓練内容は異なります。走らされたり、格闘技があったり、刑法・刑事訴訟《そしょう》法の座学、警官の制服姿での射撃練習があったり。警察学校の敷地に建てられた模擬ハウスを使って、ここで殺人事件があったという想定で臨場や鑑識のノウハウを学んだりもします。

学生として受ける教科は、午後五時一五分に終わることになっていました。それから入浴です。大きな浴場に二〇〇人ほどが入ります。まずザバーッと全身に湯をかけ、石けんをなすりつけて泡だらけにし、二、三〇秒ぐらいで洗い終わったら、またザバーッと湯をかけて流し、それから三分ぐらい湯船につかって、「出ろ」と言われたら、シャワーを浴びて終わり。まるで芋を洗っているようなもので、脱衣してから出てくるまで、ものの五分ぐらい。湯船につかってのんびりくつろいでいるなんて優雅な時間はまるでありません。風呂から出ると、食堂に直行。六時ごろから夕食の時間です。食事の内容も、ときに三分で食べ終えなければならないのも、朝食や昼食のときと同じです。

ほとんど人間扱いをされませんが、それでも夕食後には自由時間があります。地方出身者は毎日のように寮の公衆電話から故郷に電話をかけていたようです。

慣れてくると自由時間に多少はくつろげるようになりますが、夜は外出禁止ですから、やることがありません。外出できないけれど、構内なら大丈夫なので、昼間だけでクタクタのはずなのに、さらに鍛えようと、夜中に校庭を走り回っている者もいたし、空手の練習をしている者もいました。

夜は一〇時消灯。最初のころはバタン・キューでしたが、そんな疲労の中でも夜中に勉強しているのがいて、これには驚かされました。布団をかぶって、ペンライトで照らしながら、参考書にアンダーラインなどを引いているわけですが、そこだけ盛り上がっているのですぐにわかります。

まだ修習生なのに、卒業後に早く巡査部長になりたいので、昇任試験問題集かなにかをやっている。それほどまでしていながら、結局は訓練についていけずに脱落する者もいて、無常観というのか、「なんだかなあー」と思ってしまいます。

訓練の中で、刑法、刑事訴訟法、麻薬関係の法律、外国人の出入国管理法などのイスに腰かけてやる座学が、私にとっては一番の恐怖でした。

居眠りしたら情け容赦《ようしゃ》のないビンタが飛んできます。目だけは開けて教官と黒板のほうを見ていようとしますが、睡魔《すいま》にはなかなか勝てない。とくに昼食後の授業だったりすると、難行苦行。眠ってしまわないために、ウトウトしかけると画鋲《がびょう》で手の甲をブスブスやっていました。知らぬ間に手が血だらけ、制服まで汚してしまったこともありました。

この半年間で、刑法、刑訴法の時間にもっともよく覚えたのは、ビンタされたときの衝撃を小さくするための技術だけでした。

最初の一週間を乗り切れば正式採用、いっぱしの巡査ですから、修習中とはいえ、訓練のときは実弾入りの拳銃も持たされます。校内で勉強しているときは装着していませんが、拳銃射撃のときは制服に拳銃装備で練習場に向かいます。

拳銃はふだん、拳銃金庫に収納されていて、通しナンバーがふられています。われわれにはプラスチック製のナンバープレートが渡されていて、それを拳銃係に提示すると、その番号がふられた拳銃を渡してくれます。貸与ですが、それが自分の拳銃ということになります。弾丸は別の係に出してもらいます。

このやり方は、学校を出て実地業務に従事するようになってからも同様です。殺傷能力をもった火器ですから、扱いは慎重に行なわれますが、いったん手にしたら、やろうと思えば気に食わない野郎を撃ち殺すことだって可能です。

警察学校内での事例はありませんが、現役の警察官が貸与された拳銃で自殺するという事例はよく耳にします。

多いのは所轄署《しょかつしょ》や交番のトイレでの自殺。トイレのほうから銃声が聞こえてきたら、みんなうんざり顔で、

「なんだ、またかよ。やめてよー」

なにぶん一般の人よりストレスがきつい職場の上に、手っ取り早く死ねる道具を合法的に所持しているわけですから、自殺率が割高になるのは致し方ないのかもしれません。

おかしな「作法」まであります。宿直当番のときなど、まわりに同僚がいないときにやる。自分のスチール製の事務デスクの引き出しを開けて中をカラにし、書類などを机の上にコの字形に積み上げて囲いをつくる。遺書を書いたあと、カラの引き出しに頭を突っ込むようにしてズドンとやる。そうすれば血や脳味噌が引き出しの中にそっくりおさまる。あとはそれを捨てるだけ。後始末がとても簡単ですから、同僚にあまり迷惑をかけずにすみます。

私も先輩から、「死にたくなったら、こうやるんだぞ」と懇切丁寧《こんせつていねい》に教えられたものです。

「冗談じゃない、死にませんよ、おれは」
「いや、そんなこと言っているやつにかぎって、そのうち死にたくなるものなんだ」

新人警察官配属先決定の裏話

警察学校に入って一ヵ月半から二ヵ月すると、所轄に実務修習に出されます。これは正式配属前の適性検査のようなもので、それまでの成績が超良かった者は第一方面、やや良かった者は第二方面、次は第三方面、あまり優秀でない者は第六方面、もっと優秀でないもの、あるいは教官のお気にめさなかった者は都県境とか、都心からどんどん離れた警察署に、一方的に振り分けられていきます。実地修習期間は約二週間。

警察組織の中では日本は天皇が中心の国という建て前になっています。地域割りも、どうしても差別的な扱いになっていきます。皇居を中心にして同心円を描き、中心に近い中央《ちゅうおう》、丸《まる》の内《うち》、麴町《こうじまち》、赤坂《あかさか》、高輪《たかなわ》、築地《つきじ》、月島《つきしま》などの警察署が第一方面というわけです。

警察学校に入ったばかりのころは「万世一系の天皇制なんてウソっぱちだ」などと平気で言っていた者も、一ヵ月もたつと知恵がついて、そういうことは口にしなくなる。そうすると、成績優秀なら第一方面へ行ける。

私の実務修習先は築地署、もちろん第一方面でした、と言いたいところですが、私がそこに行かされたのには、成績とは関係のない理由がありました。

私は大学在学中に一年間、イギリスに留学、その後、ヨーロッパ、中近東、インドなどをバックパッカーとして放浪した経験があり、英語を不自由なく話すことができました。銀座を擁する築地署管内には、とりわけ外国人事案が多かったことから、自然とそこに行かされるようになったわけです。武術より、語学のようなもののほうが実用特技としては有効なのです。

築地署に修習に行かされたのは私も含めて三人でしたが、私は数寄屋橋《すきやばし》、一人が築地の中央市場、もう一人が銀座《ぎんざ》四丁目の各交番でした。

実務修習生の交番勤務での昼間の仕事は地理指導、民間人のための道案内です。たとえば数寄屋橋交番あたりには観光客がドッときますから、一日に二〇〇件ぐらいの地理案内をさせられます。そのうち何十件かは英語での案内となります。

通常、言葉が通じない外国人がらみのトラブルが発生すると、いちいち本庁に電話連絡して、通訳センターから人を派遣してもらわなければなりません。財布を落とした、パスポートが見つからない、ネックレスをなくした、救急車を呼べ……そんなのが引きも切らずに押し寄せてきますから、そのたびに通訳を呼んでいたのでは交番は順番待ちの外国人でごった返してしまいます。

しかも、所轄から本庁に通訳を要請したりすれば借りができます。所轄はことのほかそれを嫌うので、私のような者が重宝がられて、毎日夜までとどめおかれ、通訳代わりにこき使われることになったわけです。中野学校の寮に帰るのは深夜もありました。その上、泊まり勤務もあります。

各職場では朝の八時半に点呼があります。その前に制服に着替えていなければならないので、八時前には出勤していますが、こちらは見習いのペーペーなので七時には出勤していました。

交番勤務のあいまに警察官としての業務全般を覚えさせられるのは、医者のインターンと似ています。研修が終了すると、また警察学校に戻されます。


これは稀有《けう》な例ですが、私は見習い期間中に路上で暴力団員を現行犯逮捕したことがありました。通行人の女性をビルの横に引きずり込んで強制わいせつ行為におよんだのですが、女性が大声をあげたため騒ぎになり、男は猛然《もうぜん》と逃げだした。そこに勤務を終えて警察学校に帰る途中の私と同期生のカマタ君が通りかかりました。

制服は着ていなかったけれど、周囲から「チカン！」「ゴーカン！」と叫び声が飛び交っていれば、状況はすぐにわかります。こちらに向かって走ってきた男に私が猛然とタックル、倒れ込んだところを取り押さえようとしたら、「てめえー」と歯向かってきたので、指二本で相手の目玉をズボッと突いてやったら、悲鳴とともに顔を押さえて悶絶。

「こいつ、いま強姦《ごうかん》しようとしたんだ」

あとを追いかけてきた通行人が知らせてくれました。男が立ち上がろうとしたところを、カマタ君が押さえにかかります。相手が暴れれば暴れるほど、こっちも手荒にならざるをえません。

委細《いさい》かまわずカマタ君がガンガン殴りつけているスキに、私が手錠《てじょう》を取り出してガチャリ。私服に着替えても、手帳と手錠は持参しています。

初の現行犯逮捕、本物の犯人に手錠をかけたのも生まれて初めての経験。二人で意気揚々と交番にしょっ引いていったら、上司から怒鳴りつけられました。

「なんだこのワッパのかけ方は。なにを教わってきたんだ」

相手はどう見てもヤクザです。あとで覚醒剤《かくせいざい》をやっていたとわかりましたが、やたらと活発に暴れるので、ハリウッド映画などでよく見るシーンを真似《まね》て、手錠を後ろ手にかけてやりました。これが日本の警察ではご法度《はっと》、身体の前でかけなければならないというのです。まだよく習っていなかったので、それを知りませんでした。なぜか聞いたら、「ヤクザにも人権がある」とのこと、いい勉強になりました。

そんな手違いもありましたが、暴力団員強姦未遂現行犯逮捕の功で学校長賞を受賞。このときに一緒だったカマタ君は、その功を買われて、のちに捜査四課（暴力団担当）の係長になりました。

学校長賞などというガラにもない余禄《よろく》つきで警察学校を卒業しましたから、自分でも「おれの前途は明るいぞ」と内心まんざらでもありませんでした。

ところが、まったくの期待はずれ。

通常、卒業後の勤務先として第三志望まで出すことができ、たいていは希望のどこかに行けます。私は暴力事犯の多い蒲田《かまた》、池袋《いけぶくろ》、新宿《しんじゅく》を希望したのですが、どこにも行けない。築地署から署長じきじきの要請があったからです。えらい迷惑な話でした。

自分としては、子どものころからあれこれと鍛練を積んできた武術の技を生かすためにも、粗暴《そぼう》な犯罪が多い所轄を希望していました。警視庁管内でその年の粗暴犯ナンバースリーが蒲田、池袋、新宿だったのです。しかも、そういう危険なところに行きたがる人はあまりいませんから、希望は確実に通るはずでした。

卒業生の行き先を勘案《かんあん》して決定するのは教官ですが、築地署の署長に見込まれてしまったから、どうしようもありません。

「あいつをうちにほしい」

教官は警部補ですが、署長は警視正、上位の意向には逆らえず、築地署に○をつけてしまいました。評価されたのは「語学力」、研修中は夜遅くまで道案内ばかりさせられてうんざりしていたのに、「エーッ、またー?」。

小学生のときから銀座で遊んでいましたから、裏通りまで知り尽くしています。修習期間の地理指導でも、鹿児島や岩手出身の現役署員よりずっと詳しいくらいです。おまけに、やっかいな外国人観光客にも対応できましたから、見習いであってもじつに重宝な即戦力だったわけです。

警視庁警察学校に入るのは東京都採用の公務員ですが、東京出身者だけでなく、北海道から九州まで出身地はさまざまです。

地方の警察では、たとえば静岡県警察学校とか、山梨県警察学校とか、それぞれに独自の警察学校を持っていて、そこで新人修習が実施されます。

たとえば東北地方や九州から出てきた者に、二ヵ月やそこらで東京の地理案内をやれといっても、覚えるのは無理です。だったら、たとえば山梨の人は山梨県警察の採用試験を受け、出身地の警察署を希望すればいいではないかと思われるかもしれませんが、これがなかなかうまくいかないケースが多い。

たとえば、小学校時代の友だちがのちに暴力団組員にでもなっていれば、警察業務の障害になります。出身地の静岡県で警察官になった人から実際に聞いた話です。

「○○組を逮捕できないんだから、やんなっちゃうよ」

彼だけではありません。地元の警察官の中には、必ずと言っていいほど組員が同級生だったというのがいて、上の筋から「ちょっと待ってくれ」と圧力がかかるので、その暴力団に手を入れることができないというのです。

だから、まともでガンコな警察官を目指すつもりなら、出身地とは違うところを選んだほうが賢明ということになります。

警察官の独身寮の実態

私のようなノンキャリは全員、交番勤務からのスタートです。

交番はコンビニと同じ二四時間営業。ものは売りませんが、安心や安全を売る。似たような商売です。

交番勤務の警察官は、通常、交代で当番（二四時間勤務）、非番（二四時間休み）、日勤（朝から夕方まで）のシフトを繰り返します。

パトロールしたり、交通事故の死体の処理をしたり、現場に縄を張ったり、殺人事件があったら報道陣を規制したり、閑静《かんせい》な住宅街ならいざ知らず、築地署の管内は日本でも有数の盛り場プラス住宅地ですから、深夜から未明まで、どこかでなにかしらの事件が起きます。

交代で仮眠をとるような勤務プランにはなっているものの、実際、盛り場は仮眠はほぼ不可能です。勤務中に居眠りをしているヒマもまったくありません。

飲み屋が多く、車通りもけっこう激しいとなれば、酔っぱらいがらみの交通事故がしょっちゅう発生します。

ドーンと音がしたら、人と車がぶつかる事故。あるとき、現場に駆けつけると、人が車のタイヤと泥よけの間に挟まって、身動きがとれません。というより、虫の息です。大あわてで救急車を呼びますが、顔が裂けて血だらけですから、救急車の到着を待っていたら死んでしまうかもしれない。

やっとの思いで引き出すと「痛い」とか言っているので、

「ああ、よかった、生きてる」

ほっとしたのも束の間、救急車を待っている間に心臓が止まってしまいました。そうすると、みんなオロオロ。気持ち悪いなあと思いながらも、負傷者の口にこっちの口をつけてフーフーと人工呼吸したり。なんとか息を吹き返したところで駆けつけた救急車に引き渡して、これで一件落着、というわけにはいきません。報告書を書かなければならないからです。

そんなのが次から次に起こりますから、過酷《かこく》な勤務です。

「給料、安すぎ！」

以前の会社勤めでは、仕事がラクな上に警察官の三倍の給料をもらっていました。

警察官は一五日が給料日なのに、一〇日ごろになると、もう財布にお金がありません。

寮に住んでいれば最低限の食事は保障されますが、四ヵ月ぐらいで寮を出て民間のアパートに移ってからは、食い物にもありつけません。アパートといっても三畳一間ですから、冷蔵庫を置く場所もない。風呂もないから銭湯通いですが、給料日前になると、風呂代にも事欠くありさまでした。

それなら寮を出なければよかったじゃないかということになりますが、寮生活は、三人部屋でまったくプライバシーがないのです。また、門限があって、それを破ると目玉をくらうだけでなく、規律違反の失点がつきます。昇進にさしつかえるので、上を目指している者にとっては大きな障害になります。

築地署員ほか警視庁のさまざまな部署の者が居る独身寮＝警視庁明石寮には、四〇歳をすぎても嫁さんに恵まれず、ずっと居座っているのが何人もいました。この先輩たちの存在も、煩《わずら》わしくてたまりませんでした。

おまけに、屋上では毎晩のように殴り合いのケンカがありました。警察官同士、それもつまらない原因からです。たとえば、先輩と後輩が一緒に酒を飲んでいるうちに、

「てめえ、後輩のくせにタメ口で、生意気だぞ」

「じゃあ、上に行って勝負するか」

「よかろう」

その程度のきっかけから殴り合いをはじめるのです。

歯が飛んだとか、鼻が折れたとかしても、警察を呼ぶわけにはいきません。警察の寮に警察が入ったのでは、しゃれにもなりません。そのうちに力の強い先輩が上がってきて、

「おまえら、もう終わり！　歯の治療費はおまえが払え」

「おれ、鼻が折れているんだけど」

「じゃあ、耳鼻咽喉科《じびいんこうか》に行け。治療費はおまえが払う」

そんなふうに間に入り、適当にケリをつけて終わりです。

毎晩、そんな調子ですから、バカバカしくて話になりません。それはそれで面白かったのですが、まだ若く夜中まで遊んだり暴れたりしたい時期、門限がある生活は窮屈で仕方なく、四ヵ月で寮を引き払うことにしたわけです。

制約だらけの交番勤務

警視庁に入ってから九ヵ月目で、私服の刑事になりました。といっても、刑事見習いです。語学ができたことと、外国人がらみの刑事事件を担当できる人材がいなかったことから、原籍は交番勤務のまま、「転用」という貸し出し制度によって築地署の刑事課に転用配置されたのが最初です。

当該事件が終了すると、また交番に戻されます。

外国から要人《ようじん》を迎えるなどで大警備体制が敷かれると、通訳として呼び出され、警備担当部署の刑事見習いをさせられたこともありました。

刑事になったからといって、制服が私服になるだけで、報酬が増えるわけではありません。ただ制服と正規の刑事とでは、権限が違ってきます。交番勤務のお巡りさんは司法警察職員ですが、正規の刑事になると、同じ階級でも司法警察員になり、逮捕状請求権、取調権などが与えられます。一般の人から見れば制服が私服に変わっただけですが、活動の幅が格段に違ってきます。

現行犯であれば逮捕状がなくても逮捕できますから、制服のお巡りさんでも可能です。じつは一般民間人でも現行犯逮捕はできるのです。警察に突き出すために犯人の身柄を拘束しても、安全を確保する目的でたとえば腕をひねりあげるなどしても、正当な制圧行為と見なされます。ただ、逮捕状が必要な場合は、制服が独断で行動することはできません。刑事のあとにくっついていっても、逮捕状が執行されるまでは手出しができません。逮捕状が執行されたあとは、捜査どころか、雑用係を押しつけられます。

そんなことより、私服になってなによりうれしかったのは、外で飲食しても市民からとがめられなくなったことでした。

警察官が制服姿でパトロール中に自動販売機の前でコーラを飲んだり、タバコを吸ったり、コンビニの前でアンパンを食ったりしていると、すぐに一一〇番通報されます。私も交番勤務のころ、それに引っかかって、頭をかきました。

戸外での飲食行為は警察官の服務規程で禁止されています。

たとえ交番の隣りがラーメン店だとしても、昼時に制服のままカウンターでラーメンをすすることはできません。交番勤務の場合、飲食は上着や拳銃を外した格好で外へ食べに行くか、交番の中ですませなければならないのです。

錦糸町ぼったくりバー

ＪＰカードというのをご存じでしょうか。

クレジットカードですが、ゆうちょのＪＰバンクカードとは違います。ＪＰはＪＰでも、こちらは「ジャパン・ポリス」。警察職員のための福利厚生団体、警察共済組合が大手金融機関と提携して発行している警察官専用のクレジットカードで、現役警察官だけでなく、警察ＯＢとその家族も利用することができます。

私もポリスカードを持っています。このカードは、ときに偶発的にとんでもない効用を発揮することもあります。

あるとき友人と三人で東京・錦糸町《きんしちょう》のとあるバーに入ったところ、会計の段になったら、

「お一人様、一八万五〇〇〇円です」

いわゆる、「ぼったくりバー」です。ピーンときましたから、気弱なサラリーマンを装って、

「すみません、カードでもいいですか。じゃあ、これでお願いします」

チンピラが黒服を着たような風体のボーイは、差し出されたポリスカードを手にホクホク顔で奥に引っ込んでいきました。すると、すぐに店長と称する男がすっ飛んできて、バカ丁寧な口調で、

「お客さま、どうぞこちらへ」

あとについていくと、事務室でさっきのボーイが顔を押さえてしょげています。殴られたらしいとはすぐにわかりましたが、さらに追い打ちをかけるように店長がどなりつけます。

「バカやろう。てめえ、店つぶす気か！ こんなカード受け取りやがって」

こんなカードとは失礼な。ポリスカードには警察共済のマークが入っていて、組合の保養施設を利用するときなど、このカードが身分証明書代わりにもなります。闇世界の連中が見れば、持ち主が警察関係者だとすぐにわかります。

その客にぼったくりをかけたわけですから、まんまと囮《おとり》捜査にはまったようなものです。店長はペコペコしながらカードを返してよこしました。

「とんだ失礼を。お詫《わ》びのしるしに……」

店側の態度が一変、帰りかけたところを強引に引き止められ、頼みもしないのにメロンはもってくる、外国人の若い女性をそばにつける……。なんでもルーマニアの女性で、客と接するときはスカートをまくってパンツを見せるように言われているとか。こっちは思わぬサービス

攻勢に大喜び。「さて帰ろうか」というときになったら店長がやってきて、女性を指し示しながら、

「朝まで大丈夫です。お連れになってけっこうです」

そこまでやられれば、彼らの魂胆《こんたん》はミエミエです。コトにおよんでいるところを隠しカメラにでも収められたら、笑いごとではすみません。丁重《ていちょう》にお断りして、

「いやあ、今日はもう十分楽しませていただいたから。明日も仕事があるんでね。じゃあ、これでお勘定してもらおうか」

またポリスカードを出したところ、揉《も》み手で後ずさりしながら、

「それはちょっと……。現金で、お一人様一〇〇〇〇円でお願いできますか」

ポリスカードのポテンシャルや恐るべし、一人につき一八万五〇〇〇円、合計五五万五〇〇〇円のところ、メロンからルーマニアまでついて三〇〇〇〇円に割引されてしまいました。

こちらは「お代はけっこうです」と言われてもよかったのですが、向こうにはよほどまずい事情でもあったのでしょう。デカに贈賄《ぞうわい》をもちかけたとかなんとか因縁をつけられてガサ食らったらヤバい、とでも思ったのでしょうか。

後日、そこが関東系暴力団の経営するバーで、ぼったくり常習の店であることがわかりました。

「危うくルーマニアのハニートラップに引っかかるところでしたよ」

この一件を懇意《こんい》にしている雑誌社の編集長に話したところ、前のめりして、

「ルーマニアですか。そいつはおもしろい。ぜひ私も連れていってください」

私もメロンの味が忘れ難かったので、しばらくしてから編集長とともに錦糸町を再訪したところ、その店は閉店、看板もなにも跡形《あとかた》もありませんでした。

内偵捜査中にポリスカードを出すバカな刑事はいないと思うのですが。やましい商売をしていたところに、黄門様の印籠《いんろう》みたいにポリスカードを提示されたことから、「ヤバい、内偵《ないてい》に違いない」と思い込み、あわてて引き払ってしまったのでしょう。

これと同様のケースは、赤坂でも経験しています。じつに便利なカードです。

警察の検挙率の苦しい問題点

二〇一四年六月、勾留《こうりゅう》質問のために移送されていた殺人容疑の男が、新潟地裁から逃走するという不祥事がありました。脱走者はすぐにつかまったのですが、あとになって、別の二つの殺人事件に関与していた疑いが濃厚になりました。

そこで、最初の殺人事件のときに男を逮捕できていたら、あとの犠牲者はなかったのではないか、警察は本気で捜査していたのか——国民の警察に対する批判が高まるのは当然だったか

もしれません。

　この事例のように一人の犯人によって複数の犯罪が、ある程度の時間をおいて別々の場所で行われた場合、管轄区域の関係で、当該の警察署が別個に捜査を開始することになります。そうした場合に起こりがちなのが情報共有の遅れです。

「類似じゃないか。これは同一犯の仕業ではないか」

　事件に共通性があれば、現場の刑事ならそうした勘がはたらきます。しかし、そっちの所轄から書類がこない、こっちから向こうにもいかない。情報共有がなければ、合同捜査本部も立ちません。同じ犯人を別々に追いかけていることになります。

　第一線の刑事はけっして捜査をさぼっているわけではありませんが、そうした事情から、捜査の方向性が本筋からずれてしまうことがあります。

　また、新潟県の事件で前の二件が事故死扱いされそうになった原因には、なるべく捜査に無駄なお金や時間をかけたくないという捜査経済学的な要素もありました。

　どこの警察もそうですが、第一線の刑事が、一年も前の事件をいまだにフーフー言いながら追いかけているといったケースが少なくありません。新たな事件が発生しても、以前からの案件を先に処理しておかなければならない。そこで、仮に新しい事件の情報の共有ができたとしても、なかなかすぐには取りかかれません。

　そんなことをしているうちに、逃亡中の犯人がまたどこかで犯行を繰り返し、新たな犠牲者を出してしまう。日本の警察では、そうした悪循環が慢性的に起こっています。

現場は本気でやっているのだけれど、取りまとめている中間幹部は、現場がやりやすいようには動いてくれない。爆弾事件などの公安事件、つまり国民の生命が脅《おびや》かされかねない事案《じあん》なら「こっちを優先してやれ」と言えるのですが、通常の刑事事案、たとえば民間の誰かが無念にしてそして理不尽に一人死んだぐらいでは、迅速《じんそく》に動きはじめるということがなかなかできません。残念ながら、それが現実です。

警察にとっての優先順位は、お偉いさんの絡んでいる事案。殺人事件は重要案件ですが、感覚が麻痺《まひ》しているところがあります。被害者が閣僚級の国会議員の娘だったとしたら、すぐ動くでしょう。一方、桶川《おけがわ》事件は被害者が一般家庭の娘さんだったため、埼玉県警はすぐに動こうとはしませんでした。

栃木県で一九歳の男性会社員があちこち連れまわされたあげく、最後は山の中で灯油をかけられて焼き殺されるという凄惨な事件がありました。この事件の首謀者は栃木県警の警部補の息子でした。こういうケースでも、とくに地方の警察は、身内の恥をさらしたくないという心理から、案件処理がすごくスローモーになります。

そこで、庶民の知恵とでもいいますか、被害届を出すときは、単独ではなく弁護士と一緒に行ったほうがいい。そして、特記事項欄に、たとえば「衆議院議員だれそれの縁戚《えんせき》」とか書くと、すっと初動捜査に入ってくれる。その程度でも、対応に雲泥《うんでい》の差が生じます。たとえそれが根拠薄弱だとわかっても、捜査本部が立ってしまえば、そのまま続行される可能性が高いので。この方式は誰も損をしない。そして最前線の警察官もやる気を発揮できるメソッドです。

これだけいろいろな事件が立て続けに起きると、警察が一つ一つをどれくらい本気で捜査してくれているのか疑問になります。なにしろ現場の刑事は事案をいっぱい抱えているので、その事件の捜査にかかるまでに、かなりの時間が経過してしまいます。

しかも、事件は年々複雑になってきています。事件の複雑化に捜査能力が追いついていけない場合もあるので、解決までにますます時間がかかる。そうこうするうちにまた新たな事件が起きる。イタチごっこのようなところがあります。

そこで、中間幹部が上に報告する場合、増大する事件数、被害者数をなるべく少なく見せようとする傾向があります。そのため、事件を意図的に隠したりすることもある。とくに大阪府警には伝統的にその傾向がありました。

その手口はいたって単純です。被害届が提出されたら一応は受理しておきますが、引き出しにしまっておく。そして、犯人が捕まったら、そこで被害届を出します。捕まらなかったら、いつまでも引き出しに入れたままです。

こうすれば、受け付けた事案と解決した事案の数が一致しますから、検挙率は一〇〇パーセントということになります。

こういうことをやっている地方の警察は、程度の差こそあれ、少なくありません。だから、刑事畑の中間幹部が異動になると、その人の机の引き出しから未処理の被害届がいっぱい出てくるというような事象もしばしば起きました。

税務署にも似たようなことがあって、暴力団からは怖くて税金が取れないので、その筋の関係の税務書類がどんどんたまっていくそうです。

日本の警察が昔から高い検挙率を誇ってきた背景には、そうしたカラクリもひそんでいるというのは諸先輩方の言です。

犯人が検挙されるということは、最前線のデカが犬のようにかぎまわり、対象にスッポンのように食らいついて、やっとこ捕らえてくるということです。

中には、たまたま職務質問に引っかかってあっけなく逮捕、というケースもありますが、ほとんどの場合、刑事の情熱に負うところが大きいし、彼らの能力は高く、やる気もある。ただ、中間から上級にかけての幹部が自己保身のためにそういうことをしてしまう。

一時しのぎはいずれ発覚します。そのときに受けるダメージのほうがはるかに大きく、警察に対する信頼性をよけいに損なうのだということを肝《きも》に銘《めい》じておくべきでしょう。

大阪府警は被害者遺族に捜査経過を説明する際、あらかじめ「捜査依頼を打ち切ります」という書類を用意して、「ここにサインを」と言いながら出してくると府警ＯＢに聞いています。滋賀県在住の私の知人は、大事な息子を東大阪《ひがしおおさか》市内で殺されました。明らかな殺人事件なのに、警察が何年も犯人を特定できないまま、迷宮入りの状態になっている。東大阪の警察署に出向いたところ、担当の刑事から「訴えを取り下げるという書類を書いてほしい」と強要されたそうです。

大阪にはその種の案件がやたら多く、東京の警察だったら恥ずかしくてできないことも、平気でやれる。なにわパワーのすごさに感心させられます。

大阪の橋下徹《はしもととおる》市長はしきりに「数字を上げろ」とハッパをかけています。捜査陣のキャパシティはそのまま、能力もすでに目一杯。その上で、「日本一の犯罪都市をどうにかしろ」と言われれば、事件の捜査ではなく、数字の操作で解決するしかないでしょう。

検挙率には暗数《あんすう》、グレーゾーンがあるので、いくらでもいじることができます。公表される統計があてにならないというのは、現場の人間ならだれもが知悉《ちしつ》している事実です。

『統計学が最強の学問である』という本が出ていますが、私なら絶対に買いません。

捜査の残念な現実

二〇〇〇年一月、新潟県で「雪見酒事件《ゆきみざけじけん》」というのがありました。三条《さんじょう》市の路上で拉致《らち》されて九年間も行方がわからなかった女性（誘拐当時九歳）が、柏崎《かしわざき》市内で発見されました。

その当日、県警本部長は監察にきていた警察庁幹部の接待をしていた。そこまではしかたがないとしても、その報告を受けても腰を上げようとせず、雪見酒としゃれ込んでいたというのです。

最高学府を出た警察トップの資質なんてこんなとても残念至極なものです。その直属の部下、その次の部下ぐらいまでは完全に上向きですから、だいたいそれに染まります。

末端のデカたちが靴底をすり減らし、空っ腹を抱えながら歩きまわっているという姿は、昔も今もあまり変わらない。現場はその日の捜査状況を下級幹部に報告します。ところが、下級幹部が中間幹部に報告するときが一番苦しい。

被害届をあまり受け付けると、上司からいやな顔される。はっきりと「なるべく事件にしないように」と言われることも少なくありません。

一番困るのは、生活安全課防犯係で市民からの相談を担当している警察官です。

「隣家の人に脅《おど》かされました。あの人、猟銃《りょうじゅう》持っています。怖いです」

市民からそうした相談があった場合、担当者が苦慮するのは、事件にするかしないか振り分ける作業です。事件になると思えば刑事課につなぐ。すると捜査が開始されます。

ところが、それをどうするか迷っているうちに、公安委員会の名がついた担当がよく調べもしないで、その男から出されていた猟銃所持申請を受理・許可してしまった。そのすぐあとで、相談にきた隣家の主婦が射殺され、巻き添えで夫の妹まで重傷を負ってしまいました。

実際に栃木県宇都宮《うつのみや》市で起こった事件です。

相談を受けた時点ですぐ刑事事案にし、捜査を開始していれば、銃の不法所持で犯人を検挙できたし、猟銃所持が許可されることもなく、主婦の生命は失われずにすんだはずです。

ところが、刑事課につなぐと、「こんな事件、もってくるな」と言われそうなので、ためらっていた。ふだんから飲み会のときなどに、あからさまに「おれたちの仕事を増やすな」と言われていますから、刑事課より生活安全課のほうが大先輩でもないかぎり、迷ってしまいます。

もっとも、刑事課に持ち込まれても、案件がいっぱいたまっていて、すぐ捜査にかかれないこともありますが。

しかも、もっとまずいのはそのあとです。県には賠償支払い命令の判決がありましたが、警察の関係者は責任を問われることもなく、人事異動でケリをつけてしまった。少し警察を知っている人なら、これは常識です。

いまの体質のままでは、こうした事例は、これからも日本全国のあちこちで起きる可能性があります。ジャーナリストを名乗る者達もこれを知っていて報じることはしません。

こうした状況を打破するため、警官を増やそうという案もあります。現実問題として、警官を増やせば、犯罪はどんどん減ります。人手を確保し、捜査員一人に何件と割り当ててノルマを課していけば、検挙率は確実に上昇します。

戦後の一時期、日本の警察の検挙率が一〇〇パーセントに近かったことがあります。受けもちを決めて、狭いゾーンを徹底的に監視するという方式をとっていたからです。

門付け芸人のように、お巡りさんが区域内を一軒ずつ訪ねては、「人口の変動はありませんか」「新しい人は見かけませんでしたか」「隣に入った人は挨拶《あいさつ》にきましたか」……などと聞いて歩いていました。

パトロールする者は一睡《いっすい》もしないでひっきりなしに歩きまわり、自分のテリトリーでちょっとでも知らない人物を見つけたら、手当たりしだいに職質をかけ、不審なところがあれば交番に連れ込んで徹底的に調べあげました。そのため、「オイコラ警察」と批判されたこともありました。

私が交番勤務についていたころ、引退間際の班長からそういう話をずいぶんと聞かされたものです。

「毎晩それでは、眠くなりませんか」

「だからおれ、シャブ（覚醒剤）を打ちながらパトロールしてたんだよ」

「えっ、それはまずいでしょう」

「昭和二四年ごろの話だ」

その当時は薬局へ行けば誰でもヒロポンが買えた時代です。より簡単な錠剤もあって、警官の相当数がやっていたといいます。まぁ、その当時は違法ではありません。

アンフェタミン系の覚醒剤で、それをやっていれば、一睡もしないで、それこそ犬のようにテリトリー中を巡回できます。各自がワンテリトリーを決めて、ギラギラした目つきでそこを徹底的にかぎまわっていたら、コソ泥たちも恐ろしくて犯罪など起こしようがありません。

班長は、その制度がだめになったのはヒロポンが禁止されたからだ、と言っていましたが、真偽《しんぎ》のほどは定かではありません。たしかに終戦からまもないころは、犯罪といえば街頭犯罪や窃盗《せっとう》が大半でしたから、ヒロポン・ポリス作戦はそれなりに有効だったかもしれませんが、少なくとも日本全体が裕福になりだした一九六四年の東京オリンピックごろには、そういうやり方は完全になくなっていました。

私が現役のころも受けもち区域はありましたが、忙しくて毎晩なんてまわっていられません。そこでなにか起きてもわからないし、極端な話、交番の裏で殺人事件があっても、通報を受けるまで気づかないほどでした。

警察官を増員するというと、「すぐその分の予算はどうするんだ」という話になります。国民のあいだには警官を増やすことに対する根強いアレルギーがあって、なかなか実現しません。

空き交番が目立つと、市民から苦情が出ます。苦肉の策として、ＯＢに交番勤務を委託しているケースもあります。一見、警官がいるようだけど、よく見ると、服装がちょっと違います。そのほかにも、いまではいろいろな形の交番が出現しています。

というか、交番を廃止して、青灯をつけた地域安全センターとか中継所に模様替えしてしまうのです。交番でなくすれば、理論的には「空き交番」ではなくなりますから、苦情はこなくなる。どんどんそういう形にしていけば、事実上、空き交番はゼロということになるという寸法です。

でも、それで犯罪が減少するとは思えないし、市民にとって安全度はむしろ低くなっている。しょせんは「警察庁キャリアの浅知恵にすぎないんだよな」とノンキャリの年輩警察官たちはアキラメ顔で言います。

警察官の数は増えていませんが、警察関連の予算は増大しています。

いまはさまざまな捜査用の機器が導入されて、たとえば「ガスクロマトグラフィー　マススペクトロメーター」などの科学機器は一台何千万円もしました。高価だけれど、捜査の精度を高めるには必要だということで次々に購入したため、予算はどんどん膨らみました。

そういうことで予算は増大しましたが、では捜査最前線のデカ一人ひとりの待遇がよくなったかというと、ほとんど変化なし。

科学捜査にお金をかければ精度は上がり、現場で採取したわずかなＤＮＡから犯人を特定できたりもするようになりました。足利《あしかが》事件のように、過去の事案が冤罪《えんざい》だったと判明するケースも出てきます。無実の人にとっては救世主ですが、警察にとっては痛し痒《かゆ》しの部分もないわけではありません。

いま警察ではＤＮＡのデータベースを懸命に蓄積しているところです。アメリカの場合、ＦＢＩなどがかなり早くからやっていました。アメリカにはさまざまな人種がいますが、すべてのコンセンサスが得られているし、いろいろな公共機関も合意しているので、政治的には安心して実行できます。ところが日本ではそうもいかず、まだ警察がＤＮＡを組織的に集めるところまではいっていません。

たとえば国民全員に指紋を押させられるかといったら、なかなかできない。なにかの機会に指紋がとられると、あちこちからそれをもらってくるだけです。

交通事故を起こしたときに指紋をとられます。自宅が空き巣被害にあったときには、犯人のものと区別するため、被害者も指紋をとられます。そういうのもすべてデータベースに残っています。私なんかローティーンのころやんちゃでしたから、警察に入る前にはさんざん指紋をとられています。

建て前では七ヵ月たつと消去されるとか言われていますが、あれはまったく根拠がソリッドでない話。消去されるのは書類だけです。指紋は書類ではないなどと屁理屈をこねて、ほとんどは記録に残されているのはブンヤも知るところです。なにしろ、警察としては一人でも多くの指紋データがほしいわけですから。個々人の指紋データは、おそらく人類滅亡まで残るでしょう。

しかし、それでいいと思います。人間なんて政治家だろうが大学教員であろうが、命のある間は間違いをくり返して生きる存在。他人に害悪をおよぼさなければ、指紋データなんざにおびえる必要などさらさらなしです。

事件記録の消去は、警察キャリアにやる気がありさえすれば簡単にできます。指揮命令系統を一元化しないで、報告だけがくるようにし、各都道府県警の捜査権限をもっと強化すればいい、それだけのことです。

空き交番の色を塗り替えてごまかすなんて姑息なことはしないで、交番を維持するのは大変だけど、治安維持のためには不可欠なんですよ、ということをもっと強く国民に訴えていかなければいけない。

予算計上や人事を明らかにし、国民に説明して理解を得ていかなければならないのに、エリートは誰も泥をかぶりたがらない。早く卒業して、財団法人の理事長に天下ることばかりに汲々としているから、現状を改善しようとする者はいない。悲しいことながらそれがいまの日本です。政府にいる議員らと会食するたびに話題にしてますが、いつかは最前線で苦しい思いをしている〝兄弟〟たちに少しでも貢献する一助にはなると思っています。

先にも触れましたが、特異な殺人事件が起こると、その犯人の過去の余罪が何件も出てくるといったケースが最近は目立つようになった気がします。

「いまごろになってなんだ。警察は当時、なにやってたんだ」

尼崎《あまがさき》の保険金殺人事件もそうですが、警察同士の情報共有、意思疎通がうまくできていないので、いつまでたっても同じようなことが繰り返される懸念があります。

現場のお巡りさんはそういうことをある程度は知っているから、ギリギリと歯がみしている側面もあるのです。

「あれとあれは同一犯の仕業じゃないか」

いくら叩き上げのデカがそういうことを言っても、宴会でみな消えてしまう。いくら気になっても、合同捜査本部ができないかぎりは動けない。自分の休暇を利用して現場に行ってみるとか、そういうことをするのが精一杯です。

私はいま、過去の未解決事件の現場を訪ねてプロファイリングをしていますが、それと同じことを、非番と週休の日にやっている刑事がいます。ただ、単独では限界があって、捜査を動かすことはなかなかできません。

制服のお巡りさんだったら、「交番に戻る途中、こういうのを見かけました」といった注意報告書を提出することができます。そういうのを利用して報告を上にあげようとしますが、テレビドラマと違って、それが現場にフィードバックされるケースはめったにありません。

それをしつこく何度もやると、上司は受け取るのをいやがり、人事を動かしてその部下を異動させてしまうということすらあります。

そうした組織上の弊害もありますが、どんな下っぱの刑事でも、叔父が警察庁の幹部だったりすると、簡単に通ることが多い。「浅見《あさみ》光彦《みつひこ》効果」というのは確実にあります。権威に弱いのはお役人のつねですから。

自分にお偉いさんの叔父がいなくても、同僚にそういうのがいたら、日ごろから仲良くしておくのも一つの手です。それがいつもは叔父の権威を鼻にかけているような人でも、使いようによっては利用価値も出てきます。

キャリア優等主義の警察機構の改善

警察が市民から信頼されるようになるには、キャリアが一般警察官とともにものを考え、両者が融合する形で行動できるような体制にならなければなりません。五〇〇人のエリートが、自分たちがやりやすいように二七万人の組織を動かしているようでは、不祥事はあとをたたず、いつまでたっても信頼を得ることはできないでしょう。

キャリアの優等主義というのは日本独特の傾向で、アメリカやイギリスにはキャリア制度はありません。捜査の経験もない若い警察官がいきなり捜査課長になったりするのは日本だけのきわめて特殊な例で、これが改善にとっては大きな弊害になっています。

最近も福島県警で、捜査二課長の難関大学出のキャリアによる部下への陰湿なパワハラが原因で、立て続けに二人もの自殺者を出しています。いずれも五〇代の警視、警部で、そういうことが全国で起きています。このキャリアは本当に許せません。

警察組織では所轄が低く見られていますが、犯罪が近代化し、日本の「安全神話」などとうに崩壊しているにもかかわらず、末端ほど身分が低いという江戸時代の「与力《よりき》・同心《どうしん》・岡《おか》っ引《ぴ》き」制をいまだに引きずっているのが現実です。

『踊る大捜査線』というテレビドラマで、まともな指揮もとれない頭でっかちキャリアの言動で現場が混乱するというシーンが描かれていますが、誇張された風刺劇ほどではないにしても、あれに近いマインドの世界であることは間違いありません。

あのようなドラマを見てバカ笑いしているのではなく、自分たちが世間からどのように見られているか、キャリアはよく認識すべきです。ここは、キャリアに対する教育、警察大学の訓練課程からすべてを考えなおす必要があります。

いまの日本の官僚機構の中で、江戸時代の組織がそのまま続いている日本の警察組織を根本から改善できるのは、「外圧」だけのような気がします。アメリカが動いてくれれば、時代遅れのキャリア制度など簡単に崩壊するはずです。

日本の政府筋やキャリアが「日本は日本のシステムで機能している」と主張するので、いまはアメリカも触れないようにしているけれど、すでにあらゆる面で国際化し、数年後にはオリンピックを控えて、看過《かんか》できない状況にいたっています。

「日本の警察はなっていない。暴対法もないのか」とアメリカが外圧をかけたところ、一九九二年に暴対法ができました。それまでは、必要性は叫ばれながらも、いつもキャリア官僚の横槍で実現できなかったのに、外圧一発でコロッと変わりました。

彼ら自身の自浄作用に期待してもどだい無理ですから、これから警察組織を改善しようとしたら、いま一度、外圧に頼るほかないような気がします。黒船にあと二、三回はきてほしいところです。

国際警察官協会の定例会が日本でも行なわれ、私も通訳を頼まれて出席していますが、来日したアメリカやイギリスの警察関係者は、休憩時間などに感じたことを腹蔵《ふくぞう》なく話してくれるので、とても参考になる、というより、とても恥ずかしくなります。表向きはともかく、そういうときに彼らから聞かれるのは、日本の旧態依然とした体質に対する冷笑ばかりだからです。

本心では、日本の警察をバカにしています。だから、私はよく言ってやります。

「だったら、外圧をかけてくれよ。おれたちには自浄作用なんかないんだから」

アメリカに行くたびにワシントン筋とは飲食しているので、そのうち効果も出るでしょう。

ＤＥＡ（連邦麻薬取締局）にデータを持っていったときのことです。向こうの捜査官からこんなことを言われました。

「日本の麻薬捜査って厚労省と警察の二つに分かれているんだよね。あれって情報共有してないの？」

彼らは連絡をとろうにもどちらに聞けばいいかわからずに困っていました。アメリカではありえないことだから。

麻薬捜査官というのは厚労省の所属です。しかし、いまは警察の組織犯罪対策五課でも麻薬捜査をやっています。以前は、生活安全部の保安二課がやっていました。ところが、警察と厚労省の仲が悪く、タテマエはとりつくろっていてもルールの外では事実上情報共有をまったくしないし、同じホシを奪い合っているのが現状です。同じ警察の内部ですら、刑事と公安の不仲が当たり前の国ですから。

もう三五年も前になりますが、元ビートルズのポール・マッカートニーが来日したとき、大麻を所持していたため成田空港で逮捕されたことがありました。あの逮捕は厚労省の麻薬取締官が行なったもので、この功労者は発見した税関職員です。ビートルズファンには憎まれましたけど。なにしろ世界的な大スターですから、注目度が違います。

当時の厚労省は中目黒《なかめぐろ》に麻薬取締拠点をもっていて、そこに捜査一課、捜査二課という捜査機関を置き、捜査車両も無線も独自のものを使用していました。ところが、そこには留置所がありません。

厚労省側でも独自の留置施設をつくろうという話がありましたが、当時はまだ監獄法とかいう古くさい法律があってなかなか難しい。そこで目黒警察署の留置所を使わせてもらうことになりました。

そのため、厚労省の麻薬取締官はマッカートニーを取り調べるため、毎朝目黒署に出向いて、「ご苦労さまです。お願いします」と、仲が悪い相手にいちいち頭を下げなければならなかったのだから、さぞや苦痛だったろうと思います。

また、目黒署も嫌味というか、嫌がらせというか、マッカートニーを大部屋、ほかの逮捕者と一緒の雑居房《ざっきょぼう》に留置してしまいました。おそらく逮捕したのが警察だったら、相手はＶＩＰですから、個室にお通しして丁重に扱ったと思います。

身から出たサビとはいえ、日本のお役所のバカげた縄張り争いで、マッカートニーもとんだとばっちりを受けてしまったものです。

警察の力が強くなって日本が警察国家になるのは、私の出身母体である警察のレピュテーション（評判）が悪くなるから困るけれど、これほど犯罪が蔓延《まんえん》しているのに放置せざるをえないようでは、国民の安全は守れません。五〇〇人の警察キャリアのマインドが変われば、現状を一変させることが可能ですが、それが日本では政権をもってしても困難というのだから、前述したように、あとは外圧に頼るほかないでしょう。

日本の二七万人の警察官のうち、八、九割は黒船推進論者だと思います。黒船の襲来を恐れているのは、五〇〇人のキャリアだけです。

大阪の橋下徹市長は最初に府知事に就任したとき、警察機構の改革に手をつけようとしました。ところが、逆に警察に脅されてしまいました。

「もう警察はあなたの警護はいたしません。それでもおよろしければ……」

知事がびびってやめてしまいましたから、もはやどうにもなりません。

外圧にしても、求心力を失ったオバマさんでは、何もできないと思います。現状維持にアップアップの状態ですから。次の共和党政権が日本に対して積極介入して手を伸ばしてくれることを祈るばかりです。

オリンピックまでに、キャリアの澱《おり》に淀《よど》んだ日本の機構を一度か二度、かきまわしてもらったほうが、国民は安心して生活できるのではないでしょうか。

警察官の命の値段

最前線に勤務している警察官の平均寿命は、日本人全体の平均に比べ、かなり低いと思います。私の知り合いにも早死にしている人が多い。その最大の原因は、睡眠が十分にとれないこと。パトロールに出るにしても、盛り場にいくと、なにかしらの事件に遭遇します。そうすると、交番に戻ってきてから、書類を作成しなければなりません。だから、交代で睡眠をとるというルールがあっても、思いどおりにはいきません。

そのため、誰も盛り場には出たがらず、静かな住宅地のほうへの異動を好む。事件を扱わなくなるので、処理能力も落ちるし、検挙率も落ちる。悪循環です。

制度を抜本的にいじって警察官に十分な睡眠を与えるようにならないと、みんなが早死にしてしまいます。実際に、そういう生活を定年まで続けているため、定年後にすぐ亡くなる例が非常に多い。

退職警官が六二〜六五歳ぐらいで死んでいた時期が長く続きました。幹部になると少しは睡眠時間が増えるので、みなさんこぞって昇任試験を受けますが、管理職になったからといって、余命が格段に延びるわけではありません。

私は現役時代、物理的に他の警察官の四倍は確実に働きました。睡眠時間を削っていた年月でしたが、「これで良い」と自分自身納得していたので後悔はなく、ケガも身体損傷も勲章だと今でも思っています。

私のようなやたらと熱心な警察官がずっと勤務を続けていたら、定年を待たずに死んでいたに相違ありません。

私は自分の人生設計として、外部からものを言ったり、犯罪学の立場で犯罪防止の研究をしたりしたいと考えていたので、昇任試験もネグレクト。四〇歳前の〝卒業〟を決めて現役を退きましたが、同期四〇人のうち、六人ぐらいがすでに亡くなっています。みんな体調を崩した結果ですが、実質的には、眠れなくて死んでいったというべきでしょう。

刑事も交番も勤務内容は厳しい、というより、きわめて劣悪です。警察こそ「ブラック企業」の最たるものではないかと感じます。職種上、組合もありません。

さらにどうかと思うのは、劣悪な環境に対して実際に働いている者がなにも苦情を言わないところです。文句をいう前に気持ちが折れて、自殺する者も少なくありません。

家族にとってお父さんが頼りだから、きつそうだとわかっていても、仕事を抑制するようなことは言えません。とくに出身が地方の人は、文句を言わないで我慢《がまん》してしまう傾向があります。

在職中に、たとえば犯人に殺されるなど公務中の事故で死亡した場合、一律四五〇〇万円ほどが遺族に支払われます。そのほかにもいろいろ手当てが付与されて、五〇〇〇万円ぐらいになります。ですから、遺族もみな泣き寝入りをしてしまうケースがじつに多い。

在職中に病気で死んだ場合は、基本的にはなにも出ません。劣悪な労働環境が原因だと思っても証明は困難ですから、残された遺族はとても悲惨です。

警察官も公務員、他の職種に比べて報酬が高いと言われていますが、最前線の警察官の場合、体の損傷ぐあいからすれば、恵まれているどころか、大損です。

機動隊の出動手当も、普通の給料にちょっと毛が生えた程度。外国の元首や要人が来日するといった大きな警備事案の場合、国から手当てが出ます。たとえば中国から鄧小平《とうしょうへい》が来日したときには、国を挙げての大警備でした。

そういうときでも、手当てなるものは一日いくらと決まっていますが、子どものアメ代にもなりません。私の場合、たしか一日八〇〇円以下だったと記憶しています。

この金額は、どんなに危険度が高い場合でも変わりません。捜索して爆弾を探し出しても、危険手当は何百円。私は「死んだら四五〇〇万円！」と友人や知人に笑いながら話しつつ頑張っていましたが、それも即死の場合です。

新宿の角筈《つのはず》交番で起こったクリスマスツリー爆弾事件では、警察官の一人が下半身をそっくり吹き飛ばされました。それでも死なずに生きていましたから、四五〇〇万円にはなりませんでした。まったく理不尽きわまりない話です。

資生堂本社ビル爆破事件

交番勤務をしていたころです。東京・銀座の資生堂本社に「ビル内に爆弾を仕掛けた」という脅迫電話があったとの通報がありました。

過激派による小包爆弾事件、クリスマスツリー爆弾事件、ピース缶事件など、警察が標的にされ、犠牲者が出た事案もあります。企業連続爆破事件の記憶も生々しく、単なるいたずらとは決めつけられない状況がありました。

こうした場合、警察は最悪のケースを想定して対策を練ります。それが最前線の警察官のところに下りてくるころには、「可能性がある」から「どうも本物らしい」と伝言ゲームのようにエスカレートしています。

さっそく署内で捜索隊を募《つの》ることになりました。求人は七名。軍隊と同等の組織でありながら、最初から指名ではなく、「募集する」というのは、それだけ危険な業務と判断してのことでしょう。危険にさらされるのは最前線の警察官。ますます現実味を帯びてきますから、フツウの神経の者は恐怖心がいっそう募ります。

会議室に署内の制服全員が集められ、整列している前で警部補が「一番ないか、一番ないか」と声をかけます。定年間際の班長が、「おれが行くよ。娘もヨメに行かせたしよ。オリゃあなんにもこわかねぇ」と真っ先に手を挙げました。その班長はヒロセさんという茨城出身の命知らず。既婚者でしたが、奥さんを亡くされてまもない人でした。

「はい、次、二番ないか、二番ないか」

いくら築地署だって、これでは野菜や魚の競《せ》りと変わりません。ところが、そのあとはみんな下を向いたきり固まって、誰とも目を合わそうとしません。

「爆弾だから一瞬で死ねる。二番、二番はいないか」

ふだん威張りくさっている先輩方も、このときばかりはダンマリを決め込みます。

こいつらふだん生意気なくせにしようがねえな、オレがやるしかねぇ。こんなときのために安月給のノンキャリになったんだ……約一秒後、意を決して手を挙げました。

「はい、二番！」

一度周囲を見まわしただけですっと手を挙げました。爆弾は不気味でしたが、警察官生活の中で、このときほど晴れやかな気分だったことはありません。

「独身のやつからやってくれ」

誰もあとに続こうとはしないので、結局、三番手からは指名になり、七名の警察官が爆弾捜索隊としてビル内に突入することになりました。最初の人以外は、ほとんどが若い警察官でした。

脅迫電話のあと、社員全員が避難していましたから、館内はガラーンとしています。

「わあ、いいにおいだな」

化粧品独特の臭気《しゅうき》がただよい、梱包用の段ボール箱がやたら目につきます。そのどれもに爆弾が隠されているような気がしてしまいます。そんな恐怖心を払拭《ふっしょく》しようと軽口を叩きながら、一つずつ確認していきます。

外部から侵入したやつが爆弾を仕掛けそうなところとしてまず思いつくのはトイレです。お

そるおそるドアを順に開けていくと、

「ワッ」

一瞬、緊張が走ります。

「あったか⁉　発見かっ⁉」と無線で聞いてくる。

「いや、ウンコが浮いてる」

用便中だった社員があわてて流さずに逃げたに違いありません。

まさに不審な異物、それもれっきとした証拠物なので本来は採集・保管しなければならないのですが、そんなことに気をつかっている余裕などありません。「くっせーなあ」なんて言いながら流してしまいました。臭いものにはフタをするのが一番です。

配電盤に仕掛けられている可能性が高いという話がありましたから、開けるときにいやな予感がします。

「オレ、ここで死ぬのかな」と思いながら「エーイ」、かけ声とともに開けると、なにも仕掛けられていない。今度こそ顔がぶっ飛ぶかと覚悟しながら、次を「エーイ」。これを全館でやらなければならないので、ストレスは最高潮に達し、冬だというのに冷や汗ダラダラでした。

その当時にも防護服はありましたが、それを着用しているのは処理班だけです。分厚いヘルメットをかぶり、マジックハンドで爆破しないように専用容器に移し、液体窒素《ちっそ》で凍らせて、そろりそろりと深川にある処理場に移送、そこでドンと爆破させて終わり。

それに引き換え、捜索班はふだんの制服のままです。それについては、それなりの理屈がありました。

防護服を着用していて、手足がちぎれた状態で命だけは助かるなんてことになったら、そのほうがよほど悲惨ではないか。四五〇〇万の幸運クジを引いたやつはいさぎよくふっ飛べ……。要はそういうことです。当時の警察の現場は戦場、いえ、人によっては地獄です。

結局のところ、それらしいものは発見されませんでした。

単なるイヤがらせということになり、緊急捜索隊は無傷で解散とはなったのですが、部署に戻ったあとでひと悶着、とたんに内部抗争の勃発です。

「てめえ、どうして手を挙げなかったんだ、この野郎」

「偉そうなことばっか言いやがって、てめえら肝心なときにてんで意気地がねえんだから」

私はまだ新米の若造でしたが、ふだん後輩をイジめている評判の悪い先輩の頭をどついたり、このときばかりは無礼講、上下関係がすっかり逆転していました。いい大学を出て、上を目指しているやつほど使えない、このことを再確認した出来事でした。

一方、定年間際で、奥さんを亡くしたあと精彩を欠き、うだつの上がらなかった一番志願の班長は、人気急上昇、一転して英雄扱いです。

「やっぱり班長はすごい。叩き上げは違う」

手のひらを返すように老班長をもてはやしている、この連中もいい気なものです。そろいもそろって、手を挙げようとしなかったくせに……。

余談ですが、私の先祖は平安時代、関東武士として京の都へ出仕して「青侍《あおざむらい》」という青い制服を着た犯罪取締の武人でした。私には千年以上前から警察の遺伝子があることになります。生まれながらの警察の人であるわけで、私が警察に対して、強烈な思いがあるのはそのためかもしれません。

第2章　ヤクザの危ない話

ヤクザVS.マフィアin歌舞伎町

二〇〇二年九月二七日、新宿・歌舞伎町《かぶきちょう》の中心にある風林会館《ふうりんかいかん》一階の喫茶店「パリジェンヌ」で、中国マフィアのトップグループの一つ、トンペイマフィアが住吉会《すみよしかい》の幹部を射殺。それを発端として殺し合いがはじまり、二〇〇二年冬の新宿はまさしく戦争状態でした。

日本にいるトンペイマフィアは中国の東北地方、戦前の満州《まんしゅう》地区を出身母体とする「黒社《くろしゃ》会《かい》」の集団で、ここには帰国した中国残留孤児の二世、三世も構成員としてかなり含まれていると見られています。

歌舞伎町というのは旧コマ劇場を中心としたエリアがもっとも華やかで、暴力団にとっては「おいしい」ところです。そこを仕切っていたのが住吉会・日《ひ》野《の》一家《いっか》の六代目・A親分で、良家に生まれ育ったのにポテンシャルが高過ぎた人間に生まれついたからでしょう。いわゆる世間で言うところの〝グレ〟て住吉会に入りましたが、格好がいい上に頭もいいということから出世してトップに昇りつめた人物です。

そのA親分のテリトリーでトンペイマフィアによる幹部射殺事件が起こったことから、それまでの危うかった均衡が一挙に崩れ、戦争状態におちいったというわけです。

住吉会と山口組《やまぐちぐみ》はホットラインでつながっていますから、神戸の山口組から援軍が大挙して駆けつけました。警察調べでは約五〇〇人の組員が参集、歌舞伎町は関西弁であふれ返っている状態でした。

新神戸《しんこうべ》から新幹線に乗り込んでの上京で、私も見にいきましたが、幹部はみなグリーン車、普通車両は若い衆で満杯。一両そっくり貸し切り状態で、どうやったらチケットを手配できるのか首をかしげざるをえなかったほどでした。

こうして関西から歌舞伎町に五〇〇人が押し寄せましたから、ビジネスホテルからカプセルホテルまで、周辺の宿泊施設はヤクザだらけです。サウナの休憩室もみな組員ばかりですが、「入れ墨お断り」ですから、一応彼らもガウンやバスタオルで隠してはいます。しかし、隙間から丸見え。あれだけ集団でこられたら、ホテル側も抵抗できません。

それから報復合戦が開始され、一般の人は危なくて近寄れません。こうした住吉・山口連合の反撃に、トンペイマフィアを中心とした中国マフィアもいったんは退きましたが、姿を消したわけではありません。

早くも翌二〇〇三年一月、東京郊外の大きな飲食店を借り切って、中国マフィアのトップと日本の暴力団のトップによる手打ちが行なわれ、一転して「業務提携」をすることになりました。優秀な弁護士や税理士などを抱えて、国際ビジネス路線を打ち出しましたが、そのへんはじつに巧妙です。

新宿の戦争状態を、警視庁としても放置できないということで、二〇〇二年一〇月なかばあたりから公安部、刑事部、生活安全部の一部を統合して一〇〇〇人体制の組織犯罪対策部に改編、本格的な取り締まりを開始する方針を打ち出しました。

たとえば保安二課が扱っていた麻薬関係を組織犯罪対策五課に、暴力団の指定作業は組織犯罪対策三課、その取り締まりなどは組織犯罪対策四課が担当するといった具合に、「いままでとは違うんだ」というところを見せつけるために大々的な組織改編を断行したわけです。

世界史的に見ると、組織改編して新しい組織を置くときは一〇〇〇人体制が基本のようです。古いところでは、アレキサンダー大王も、チンギスハーンも、占領した国では一〇〇〇人の部隊を配置しています。いまアフガニスタンに「ハザーラ」というモンゴル系の人たちが住んでいますが、ハザーラというのは土地の方言で一〇〇〇という意味です。つまり、彼らはここに駐留した一〇〇〇人のモンゴル部隊の末裔《まつえい》なのです。

警視庁もそれにならったわけではないでしょうが、九六四人体制で再出発しました。表向きのメディア発表では「一〇〇〇人体制」と称しています。

二〇〇三年四月から組織犯罪対策部が始動すると、防犯カメラの大幅な増強等の対策もあって、歌舞伎町の闇世界のほうもあからさまにはやれなくなりました。しかし、実態はほとんど変わりません。むしろ、「日中業務提携」になってからは、アジア有数の盛り場・歌舞伎町には中国マフィアが堂々とはびこるようになり、売春を生業《なりわい》とする風俗店の多くは中国マフィア系の経営、ほかの風俗店にみかじめ料を集めにいくのも、日本の暴力団ではなく、みな中国マフィアになりました。

彼らは歌舞伎町の性風俗店から月に一軒、平均すると五万円を取りたてます。日本語ペラペラの者が取りたてにいきますが、それらはみな中国マフィアの関連組織たる二世三世のグループです。主としてトンペイの血を部分的にもつ特定の暴走族出身の若い者が集金に当たります。月五万円のうち、三万円を中国マフィアが取り、あとの二万円がテリトリーを持っている日本の組に落ちるというシステムです。月五万円といっても何百もの店がありますから、全体では相当の金額になります。

バブル期の銀座を例にとると、三〇〇〇軒のクラブやキャバレー、バーから地元を仕切る組織が月一〇万円ずつ取りたてていました。若い連中が「こんちわー、今月のものをいただきにまいりました」とやるだけで無税の三億円がポンと入ってくるわけです。

暴走族出身の二世三世グループも多くが五〇歳近くなって日本のヤクザと見分けがつきませんが、トンペイマフィアの血筋ですから全世界的なネットワークともつながっています。中国マフィアは日本の暴力団の比ではありません。日本の暴力団は、エセ右翼団体から暴走族あがり等のグレ者まで入れても一二万人ですが、中国マフィアは全世界で二〇〇万人はいます。

それがインターネットによって、どこの国にどんな法律ができたか、担当官は誰か、いまどんな取り締まりをしているか、などといった情報が瞬時に飛び交います。だからいま、世界最大の犯罪ネットワークは中国マフィアです。

中国本土以外に住んでいる在外華僑《ざいがいかきょう》は三〇〇〇万人ほどいますが、そのうちの二〇〇万人が闇社会に関係していると見られています。

彼らは昔から横浜や神戸の中華街にもいるし、どこにでもいます。ただ、誰が正式のメンバーかはわかりません。だからよけいに怖い存在ともいえます。

結局のところ、それまでは単体でやっていたのが、中国の黒社会と日本の暴力団が公然とつながったことから、いっそう強化されてしまいました。

いま歌舞伎町の暴力団は、そういうことはさせていないと言っていますが、レンタルおしぼり、貸し植木、貸し絵画等々、手を替え品を替えて、やろうと思えばなんでもできます。結局は同じことをやっていて、もとの値段はいっこうに下がりません。

そこで、二〇〇三年後半から東京都と警視庁とが合同で、歌舞伎町浄化作戦を展開、それ以降は表面上は静かになりました。

そのことに対し、当時の石原慎太郎《いしはらしんたろう》都知事はいかにも自分が収めたかのように発言していましたが、実務を担当したのは竹花豊《たけはなゆたか》副知事です。広島県警本部長として暴走族の封じ込めに辣腕《らつわん》をふるい、その実績を買われて副知事に起用されました。ですから、歌舞伎町を浄化させたのは実質的にはキャリアの竹花さん指揮下の警察です。

ただ、いったんはちりぢりにされ、地下に潜って細々と「仕事」をしていたトンペイマフィアも、また地上に戻ってきています。

西からやってきた組織の、神戸から任命されていたトップが、歌舞伎町は安定したからということで今度は渋谷に移り、いま渋谷平定を目論んでいます。

渋谷には旧安藤組《あんどうぐみ》の勢力も入っていましたが、その人口はいまは関東系の団体に流れています。ただ、それまで意見を言ってきた重鎮《じゅうちん》たちは軒並み高齢化し、パンチ一つで焼け跡闇市に君臨した加納貢《かのうみつぐ》や万年東一《まんねんとういち》らもすでに死去しています。いま存命しているのは安藤昇《あんどうのぼる》ぐらいですが、彼もまったく意見を言わなくなりました。

そして、東京は明らかに新しい時代に入ったということです。

中国マフィアの内情

トンペイマフィアのボスは本国にもいるし、テリトリーの中でのトップが決められていて、あちらこちらに集まってはひっきりなしに会議しています。中国人のほか、日本人との混血もいます。彼らはうまくカモフラージュができますから、台北、香港、シンガポール、マカオなどでも集合しています。

英語も不自由なく話せるし、ちょっと鼻薬《はなぐすり》をかがせれば大陸の武装警察隊も懐柔できますから、どこででも会議をやっています。彼らと中国公安はほとんど友誼《ゆうぎ》団体に近い関係です。

日本への上陸は一九八〇年代で、顕著な活動としては台湾系の中国マフィアがヘロインの密輸とか売春などをやっていました。ヤーバーというミャンマー製の安い覚醒剤も売られていましたが、バブル期になると、上海とか香港の中国マフィアが入ってくるようになりました。このあたりから巨額の利益をあげるようになります。

中国製トカレフ（拳銃）を売ったり、麻薬、売春、風俗から、ときには中国マフィア同士で食事の出前の利権を争って殺し合いをしたこともありました。

一九九〇年以降、日本経済が疲弊してきてからは、まだ北京からもきていましたが、トンペイマフィアがトップに躍り出ることになりました。日本の暴力団と対等に日本語で仕事ができたのは、トンペイマフィアだけだからです。

朝鮮語とか満州語は日本語と語法が似ているから覚えやすく、単語を置き替えれば二四時間で挨拶《あいさつ》やちょっとした会話ができるようになります。

トンペイマフィアは北朝鮮にもいます。中国の東北地区の東三省（遼寧《りょうねい》省、黒竜江《こくりゅうこう》省、吉林《きつりん》省）の出身者がほとんどで、拠点は瀋陽《しんよう》にあります。

北朝鮮からの脱出、いわゆる脱北にもトンペイマフィアが介在しています。いくつもある脱北ルートのほとんどを彼らが押さえているからです。脱北にはけっこうなお金がかかりますが、貧乏な脱北者には払えません。そこで、その代償として、労働力として働かせたり、若い女性には売春をさせたりしています。

都内のあやしげな中華料理屋で中国マフィアと朝鮮総連の人間が飲食をともにしている光景をたまに見かけます。両者はとても親密な関係にあり、トンペイマフィアが北朝鮮からの覚醒剤密輸のほか、日本人拉致にも関与していたことをうかがわせます。

中国の南部、料理がおいしい福建省《ふっけんしょう》からきた福建マフィアは武術が得意で、荒っぽいのが特徴です。彼ら同士で青龍刀《せいりゅうとう》を振りまわして血を流し合っています。頭脳的にはかなわないため、いまはトンペイマフィアの用心棒役のような存在になっています。

歌舞伎町に福建マフィアがやっている中国飯店がありました。情報を耳にしていたので、あるとき食事のふりをして様子をうかがいに行ってみました。一番奥の席で九〇歳くらいの長老を囲んで怖い顔をした、いかにもそれらしい男たちが五、六人、なにやらしきりに話し込んでいました。ほんとうによく会議をする人たちです。

トイレに行くためにその脇を通ったとき、一人と目が合うと、『スターウォーズ』に登場するヨーダのような顔でニコッとします。それがよけいに不気味でした。

トイレを探すふりをして調理場の中をのぞくと、同じように怖い顔をした屈強な調理人たちが、丸太を輪切りにしたようなまな板の上で、大きな包丁を振り下ろして肉塊《にくかい》をダッダッダッと骨ごとぶった切っていました。彼らもマフィアの一員です。

それだけ中国マフィアが勢力を拡大しても、日本の暴力団が駆逐《くちく》されることはまずありえません。市場を分け合って、共存の関係になっているからです。中国マフィアとしても、そのほうがラクに稼げます。

日本では右翼から暴力団までのあいだに幅広いグレーゾーンがあり、はっきりした境目もなくさまざまな関係でつながっていますが、その頂点に立って闇社会を統率しているのが山口組です。

現在のトップは九州男児ですが、とくに東京では伝統ある右翼団体を傘下《さんか》に収めることで暴力団同士の親睦と関係強化をはかってきました。こうして横の結束が強くなったため、秩序的には安定しています。

そういう状況なので、中国系がいくら力をつけてきても、乗っ取ってしまうことは不可能でしょう。

警察にもすさまじい強気と武力があるので、中国マフィアたたきなど短期間でやれないことはありませんが、闇社会のバランスが崩れるとさまざまな支障が発生するのでデリケートにやっています。

ただ九州地区では少し事情が変わってきています。

北九州に本拠をおく九州最大の暴力団・K会は反山口組系でしたが、元プロボクサーのM・Hがトップの座についてから、関東や関西のトップと五分の盃を交わして、安定した関係を築いていました。

三〇歳をすぎてからヤクザの世界に入り、「K会の中興の祖」などと言われますが、肝臓を患《わずら》って移植しか助かる道がないと診断されたときには、チャーター機で中国に渡り、肝臓をそっくり入れ換え、入院もしないでその日のうちに大分に帰ってきたという人物です。

九州にいながら遜色《そんしょく》のない外交をしてきたK会も、二〇〇八年にそのトップが死去すると、ナイジェリアなど外国系のマフィアがちらほらと姿を見せはじめています。とくにナイジェリア・マフィアが恐ろしいのは、中国マフィアやロシア・マフィアともつながっている点です。

企業の暴力団対策

警察の暴力団対策が強化されると、以前のように飲食店や風俗店をまわってすごんで見せるだけでお金が取れるというわけにはいかなくなります。彼らも人間の集団であることには変わりないので、お金がなければ生きていけません。だから必死です。そこで、なにかしら合法的に見えるような形で、お金が入る仕組みを考えます。

世の中で比較的お金を取りやすいのはどこかというと、会社です。それも大きな企業ほど責任の所在が曖昧《あいまい》ですから、そこにつけ込むスキが生まれます。

たいていの会社は三月に新入社員研修を実施します。そして、四月から営業という名目で、いわばショットガン方式でいろいろな企業に新入社員が営業をかけます。

すぐ契約が取れるほど甘くはありません。最初は社名の入った名刺を置いて帰ってくるだけです。ヘタな鉄砲のように、相手がどんな会社であろうと手当たりしだいに名刺をばらまいてきます。

ところが、小泉元総理ではありませんが、人生だけでなく、会社にもいろいろあって、健全な会社ばかりではありません。

昔は○○総業とか××興業とか、いかにもそれらしい社名だったり、事務所が真っ黒いビルだったりしますから、そういう怖いところに新入社員がわざわざ営業をかけるようなことはありませんでした。

ところがいまは普通の会社か、その手の特殊な会社か、社名や外観を見ただけでは見分けがつかなくなりました。暴力団のフロント企業や企業舎弟もいまではごく普通の貸しビルにオフィスを構え、若い女子事務員をおき、ゆるキャラなどを飾ったりしています。そうしたヤクザの企業化路線はＩＴ関連の業界にまでおよんでいます。

右も左もわからない新入社員が手当たりしだいに名刺を置いてきた会社の中に、その種の会社があったとすれば、それこそ地雷を踏むようなものです。彼らは「金になりそうな会社」に触手を伸ばしていますから、しばらくすると新人が置いていった名刺を手にして値踏みにきます。それが彼らなりの営業活動です。

会社は自分たちの企業体に食い込んでくる暴力団、闇社会を水際《みずぎわ》で食い止めなければなりませんが、これがなかなか難しい。そんなふうにして会社までこられたときには、資産状況から経営者情報など、すでにしっかりと企業調査をされていると思ったほうがいいでしょう。

暴力団傘下の探偵を使って、企業幹部を尾行させることなどお手のものです。たとえば、ゴルフに行くにしても、前の晩にどこのホテルに泊まったか、そのときにどんな女性が部屋にきていたか、朝早く迎えの大型バスがきてカントリークラブに向かうとき、どんな女性を同行していたか……対象の行動を逐一確認し、写真に収めます。ただし、ほとんどの場合、女性は暴力団側が対象を引っかけるために用意したものです。

私もその種の人たちと一緒にゴルフのコンペに行ったことがあります。前夜にホテルのバーで飲んでいると、誘いがあります。私はその手口を知っていますから相手にしませんが、彼らのカモになりやすいのは、難関の一流大学を出た五〇歳ぐらい、脂《あぶら》が乗りきり、仕事もバリバリ、社会的地位も高い人。そういうことはすでに調べてありますから、狙い撃ちされます。

かねての打ち合わせどおり、夜一二時半ごろロビーに降りていくと、二〇代後半ぐらいの女性がきています。二人で外に飲みにいって、それで終わりかと思ったら、またホテルに戻ってきて、まず男性が先に部屋に上がり、女性はロビーに三分ほど待機してから上がっていきます。そこをすべて探偵に尾行され、撮影されていたら、はした金ではすまないでしょう。

昔から暴力団が値踏みにきたときの対処法があって、それが昨今《さっこん》見なおされています。暴力団のフロント企業からは三人ぐらいでやってきます。そのうちの一人はバックにいる暴力団の組員だと思って間違いないでしょう。

彼らとは会議室のようなところで長デスクで応対します。できれば窓がない部屋、窓があったらカーテンを閉めて圧迫感を与えるようにします。壁に絵画でもあればより効果的です。それもピカソのような抽象画ではなく、横山大観《よこやまたいかん》の作品のような静かで雄大な山の絵などが最適です。本物は高価ですから、印刷の模造品でもかまいません。

その絵がかかった壁を背にして、会社のバッジをつけた正規社員、弁護士バッジをつけた顧問弁護士、顧問弁護士がいなければ、どこかから借りてきます。それから警察のバッジをつけた人に座ってもらいます。ただし、現役の警察官はきてくれません。刑事もマル暴デカも無理です。そういうときはOBにお願いします。じつは不祥事で退職した警察官でないかぎり、OBも旭日マークが入った警察バッジをつけることができます。

こうして会社のバッジ、弁護士バッジ、警察のバッジがそろえば、相手側からすると、社会心理学的にプレッシャーがかかっていやな感じになります。

なにかちょっとでも脅迫的な文言《もんごん》を口にしたら、小型のCCDカメラとかICレコーダーで記録しておきます。組の名前をちらつかせただけでも犯罪行為になります。

「この会社は一筋縄《ひとすじなわ》ではいかないな」と思わせると、闇社会でいうところの「御《ぎょ》しがたい会社」という評価になります。こうした情報は「業界」を流れますから、ほかのフロント企業も敬遠するようになります。内容がスカスカな機関誌をバカ高い購読料で買わされることもありません。

このようにして、会社のリスクは最初に水際で食い止めることが肝心です。

ただし、警察OBは置いておくだけですが、お金がかかります。私は三五歳ぐらいのときに

ＯＢになりましたが、そのときにパチンコ屋から用心棒を依頼されました。「ヤクザ対策をお願いできませんでしょうか」ということだったので、ボランティアぐらいの軽い気持ちで引き受けたところ、仕事らしい仕事は何もしていないのに、パチンコのチェーン会社から月に二〇万円ほどが私の銀行口座に振り込まれるようになりました。

こういうものなのかなと思いながら、ありがたくいただきましたが、お願いするからには、その程度の出費は覚悟したほうがいいでしょう。そういうところでケチると、よけいに高くつきます。

ところで、警察バッジは私のようなＯＢのところにもＯＢ団体から送られてきていますが、ふだんはそれをつけて歩くことはしません。恥ずかしいし、これをつけてなにかいいことがあるかというと、なにもないどころか、嫌われるだけです。

ただ、このバッジをつけられる人は、日本中で相当数にのぼると思います。正確な数はわかりませんが、いざというときに掘り起こせば、闇社会の人口ぐらいにはなると思います。

ＯＢ団体は誰がどこに住んでいるかをみな把握していますし、名簿も作られています。たとえば日本に動乱が起こったときなど、すぐ連絡がつくようになっています。

暴力団からつけ込まれないためには、身の不始末をなるべくしないことです。彼らの手口は単純で、探偵につけさせて、あとでゆするというパターンが一般的です。

とくに会社の経営にたずさわっている一定地位以上の人、大企業なら主任クラス、係長クラスの人ぐらいから狙われます。とんとん拍子に昇進する人も、目をつけられやすい。彼らは独自にデータを蓄積していますから、重役になっておいしくなったころに恐喝されます。

ヤクザ者と付き合うだけなら違法ではありません。ただ、相手が捜査当局が目をつけていた人物だと、一般の人もマークされます。組織犯罪対策部が目をつけている特定の暴力団員には二四時間の行動確認をしていて、その報告を記した台帳があります。「G資料」といって、あまり表には出ませんが、準構成員だけでなく、そこにはヤクザと付き合いのある一般人も「共生者」とか「親交者」として掲載されています。

だから、芸能人はほとんどの人が引っかかっています。ある大物歌手は若いころ渋谷で流しをやっていて、稲川会《いながわかい》の準構成員だったとか、サラリーマンの風体で歌った歌がヒットした某歌手はじつは住吉会の御用達《ごようたし》だったとか、お笑いのグループの誰それの背後にはなんとか組がいるとか、G資料にはその種の情報がことごとく網羅《もうら》されています。

ですから、暴力団関係者とは裏でも会わないほうが無難です。相手が小学校のころの同級生だったとしても、酒を飲むときは奥の密室で会って別々に帰ったほうがいい。つけ込まれたくなかったら、自分が堅気《かたぎ》でいることを大事にすべきです。

ちなみに、このＧ資料は名称すらも内密《ないみつ》の扱いで、私もメディアの前では使わなかったのですが、元キャリアの鈴木元警視監がメディアでしゃべり、万人《ばんにん》の知るところとなりました故にこの本では取り上げました。

どういう人がヤクザに狙われやすいか、彼らはどうやって接触してくるか、という記事をビジネス雑誌『プレジデント』に書いたことがあります。そのとき編集部から、どこの暴力団がどういう企業に何人を送り入れているか、というデータがほしいとの要求がありました。

もちろん、そういうことも警察のＧ資料には載っています。私の警察学校初任科の同期生が組織犯罪対策四課の理事官をしていたので、「独自のデータだけど、こういうビジネス誌に出すのはどうかな」と話題に出したところ、「世の中のためになることだと思うぜ」と言われ、研究成果のうちＧ資料とは異なるデータのものを出したことがあります。

それで、たとえばどの業種に何組は何人、何会は何人、何会は何人ぐらいという具合に、表しました。そうしたところ、その号が飛ぶように売れて、一年たったら編集部から、また同じ企画をやるから協力してほしいと言ってきました。

これによっても、企業がいかに闇社会から恒常的《こうじょうてき》に狙われているかということがよくわかると思います。

クレジットカードに注意

業績のいい企業の経営陣の方は社会的信用度も高いので、クレジットカードを使用します。それで信用がつくと、カードの色がゴールドになったり、プラチナに変わったりします。

そういう人は、頭がいい上に、エネルギーも旺盛なので、婚外で遊ぶ傾向があります。しかし、結婚の枠内から飛び出して、チャイナ風俗などに行って、クレジットカードをちらつかせたりしますと、たいへんにリスキーな状況となります。

チャイナ風俗の店というのは、プチぼったくりがほとんどですが、お金は持っているけれど、あと一軒どこかに飲みにいくときに足りなくなるとヤバいからというので、現金で払わないでカードで決済しようとする人がいます。

カードを出しても、東南アジア系の女性から快楽を買った部屋では決済をしません。カードを受け取ると、奥のほうの事務室みたいなところで決済処理をし、戻ってきて「はい、六万八〇〇〇円」などと言ってカードを返してくれます。つまり、お客から見えないところで決済するわけですが、ここに一つの落とし穴があります。

客に見えないところには、手のひらに入るぐらいの器械があります。そこにカードを通すと、スキミングといって、磁気記録された個人情報がすべて吸い取られ、器械にそっくりコピーされます。それを別のプラスチックカードに転写すると、持ち主のものとそっくり同じ機能をもったクレジットカードができ上がります。

そのようにしていろいろな場所で偽造された多くのカードが集められ、アタッシェケースに入れられて、中国マフィアの手を通じて香港や台湾、バンコクなどに運ばれていきます。すると、そこに別の役割をする人がいて、そのカードで家電製品などを買いあさります。向こうは貨幣価値が日本と違うので、非常に多くの製品が買えます。その製品を転売すれば、これだけでもいい儲けになります。

さらに、磁気情報の中にキャッシングできる情報（暗証番号）があれば、何十万円単位でキャッシングされてしまいます。

そして、どこの誰かもわからない外国人がカードで買い物をしたり、キャッシングをしたりしたお金の請求は、東京のチャイナ風俗で一夜の快楽を味わった本来のカードの持ち主のところにどっと押し寄せてきます。こうして、まったく身に覚えのない、たいへんな請求額を背負わされることになります。

私の大学時代の友人で、一流企業の役員をやっている人がいます。丸の内のオフィスに勤務中、彼の携帯電話にカード会社からこんな電話があったそうです。

「あなたはいま、どちらにいらっしゃいますか」

丸の内だと伝えると、

「香港にいらっしゃるんじゃないんですね」

話が急に飛躍したのでわけがわからずにいると、

「あなたはいま、香港でカードで家電製品を大量に購入されている最中です」

丸の内の会社にいるのに、香港で買い物ができる道理はありません。

「あなたは以前、東南アジア系の風俗店でお遊びになられませんでしたか」

「おい、なぜそんなことを知っているんだ」

そういう問題ではないのですが、次々にたたみかけられて、ますます混乱してきます。

カード会社の人には、彼がチャイナ風俗で遊んだことなど知る由もありません。ただ見当をつけて言っただけです。それにしても、私のような警察出身で国際犯罪学を大学院で教えている友だちをもちながら、典型的なスキミング被害にあっていたとは困ったものです。

クレジットカードを使われたのが日中だったので、カード会社が気づき、すぐに失効手続きをとることができて最小限の被害にとどめることができましたが、真夜中に買われていたら被害はもっと拡大していたことでしょう。

"全グレ"の関東連合

どなたでも「関東連合《かんとうれんごう》」という団体名を一度は耳にしたことがあるのではないでしょうか。『関東連合』（ちくま新書）を書いた久田将義《ひさだまさよし》さんは私の友人ですが、この団体について、同書のブックレビューには次のように書かれています。

「六本木界隈《かいわい》で事件が起こると、あるいは芸能スキャンダルがあると、必ずといっていいほど、あるグループの関与が取り沙汰される。捜査当局から、ついに準暴力団と規定された関東連合だ」

ひょっとしたら自分のまわりにも関東連合の友だちがいるかもしれません。昔はちょっと激しくバイクに乗っていたという人の中には関係者がいっぱいいますから。

一時は社会の危機を招いたリスキーな存在で、七〇年代には一万人ぐらいいました。いまはいろいろな商売に流れていって、目立っているのは一〇〇人内外だと当局は見ています。これが「準暴力団」の指定を受けました。基本的には暴力団とほぼ同じ扱いです。

その一〇〇人前後も一〇～二〇人程度のグループに分かれていて、それぞれグループのナンバースリーぐらいまでは正規の暴力団組員です。

たとえば新宿・歌舞伎町のはずれで金属バットを手にした五人組に襲われて死んだ人物は、

名古屋のK会の組員でした。K会はY組のいまの組長の配下だった組です。

関東連合を「半グレ」とか、「警察にも実態はよくわかっていない」などと書いた本もありますが、とんでもない見当ちがいです。実態はわかっているし、警察もすべて把握しています。「半グレ」どころか、組員ですから「全グレ」です。

二〇一〇年に西麻布《にしあざぶ》のバーで乱闘騒ぎとなって負傷した歌舞伎役者の市川海老蔵《いちかわえびぞう》は関東連合の元リーダーIと親密な関係で、トラブルが発生したときも最初から一緒でした。Iは以前S会の正規の組員でしたが、要するに若手歌舞伎役者が毎晩酒を飲み歩いていて、仲間うちのいざこざから殴られて血だらけで逃げた、というのが実情です。一緒に逮捕された男たちもみな関東連合メンバーですし、海老蔵に対する当局の見立ては「親密交際者」という位置づけになっています。

関東連合に限らず類似の団体は今、企業を標的にして攻勢をかけています。さまざまな規模の企業がありますが、会社の総務などに出入りして、「うちと付き合ってください」などとやっています。

「うちらは暴力団ではありません。政治結社です。ぜひ趣旨をおわかりいただいて……」

右翼団体の名前を出し、最後には「機関紙の定期購読を」と迫ってきます。

彼らはそのほかにも、たとえば芸能プロダクションをやっていて、「お騒がせモデル」と言われるハーフのモデルを抱えていたりします。あるテレビ番組に出演したとき、そこの事務所に所属する若い女の子たちと一緒だったことがあります。

後日、渋谷のタワーレコードの前を歩いていたら、そのときの女の子たちが四人ほど、どこからともなく私のもとに駆け寄ってきて、こんなことを言います。

「私たちは晩御飯、焼き肉に決定したんですが、一緒に行きませんか」

決定したと言われても、昨夜も焼き肉を食べているし、気は進まなかったのですが、きれいな若い子たちなのでつい……。

「私たち、叙々苑《じょじょえん》でないと絶対に食べないんです」

高級焼き肉店に連れていかれ、さんざん飲み食いされて、しっかりと払わされました。さすがK連合がやっているプロダクション、こんな子たちの私生活もすごいんだろうな、などと再認識したしだいです。

もっとも、口の軽い彼女らからなかなかおもしろい話を聞き出すことができたので、情報料といったところでしょうが。でも、どこからでも入ってくる芸能界スキャンダルだし、ちょっと高い。

彼らは精力的にこうした資本投下を行なっています。そのほかにもアダルトビデオ制作会社、歌舞伎町、六本木《ろっぽんぎ》などで風俗店や飲食店の経営をしています。

暴力団対策講演で大阪に招かれて行ったとき、東京・六本木でK連合系が経営する飲食店と同じ名前、同じメニューの店を見つけました。こんなところまで進出していたのかと複雑な気持ちになりましたが、大阪にもK連合みたいなものがあって、地下で格闘技をやっている団体・ジムと交流関係があったことを思い出しました。

関東で警察に目をつけられた者の一部が、いったんは関西に退きます。関西にあるK連合的団体が逃げてきた者の身柄を引き受けて面倒をみます。そのときに東京の店と資本提携をし、裏に控える暴力団が許可すれば、大阪ミナミに同じ名前の店を出すことができるという仕組みです。

東京の盛り場にある某格闘技ジムを経営していたのが関東連合元リーダーのIです。

この人物が二〇一二年の六本木クラブ襲撃事件の首謀者として、一年後の二〇一三年九月に逮捕されました。その二週間前のことです。『週刊大衆』編集部からこんな電話がありました。

「Iと対談してください」

雑誌の企画で対談記事を出したい、Iは乗り気だが、対談の相手をしてくれる人がなかなか見つからなくて困っている、ということでした。なぜ私のところにきたかというと、

「十何人に声をかけたのですが、全部断わられました。怖いからって」

それから一〇日後にホテルの一室で食事をしながら対談という手筈《てはず》が整えられたのですが、予定の三日前になってIが逮捕されたことで、あえなく中止になってしまいました。

その六本木クラブ襲撃事件の公判で検察側は懲役二二年を求刑したのですが、一説によると、その際、I被告は裁判長に向かって「覚えておけよ」と脅かしたといいます。それが功《こう》を奏《そう》したかどうかはわかりませんが、第一審判決は半分の懲役一一年。

ヘエーッ、日本の裁判官はちょっと脅かせば量刑を半分にしてくれるんだ、いくらなんでもそれはないよ、と思っていましたが、二〇一四年一二月、第二審では第一審判決を破棄、改めて懲役一五年の判決が下されました。

Iは、自分は無実だと言っていますが、携帯電話に記録が残っていて、兵隊を集めて相手の頭を叩き割って殺させ、おまけにそれが人違いだったとしたら、しゃれにもなりません。

第一審法廷で裁判長がびびって求刑の半分にしてしまったことで、日本の司法はインチキだろうと、海外から嘲笑《ちょうしょう》を買っています。こういうことを海外の警察関係者から聞かれるたびに、恥ずかしくてしようがありません。

K連合の企業路線の資金は暴力団から出ているといわれますが、いまの暴力団にそんなお金は出せません。飲食店、AV制作、プロダクション、格闘ジムの経営というのはけっこうな元手がかかります。

では、どこから出てくるかというと、どうも高齢化社会と関係がありそうなのです。以前から、警視庁の現役とOBとの飲食会で話題になっていたのは、資金源の主流は「オレオレ詐欺」だということです。

オレオレ詐欺の被害額は年間三〇〇億円前後にのぼります。そのうち、K連合には三〇億円から三八億円ぐらいが流れていくといわれています。

そのほとんどが、高齢者をだまして吸い上げたお金です。そうした犯罪で得たお金を、巧妙にマネーロンダリングして、彼らの企業経営の資金として使っているということです。

当局は彼らのお金の流れをつかんでいますが、ロンダリングにいろいろなやり方があるため、容疑を固めることに時間がかかって放置されているというのが実情です。

とりあえず関東連合に「準暴力団」という名称でタガをはめたのは一つの成果です。

一九九二年に暴力団対策法が制定され、それに基づいて、各地で矢継ぎ早に暴力団排除条例が策定されました。関西系のお笑い芸人もこれに引っかかって芸能界から追放されましたが、暴力団対策法も改正・強化され、地域ごとに施行された暴排条令によって、末端の組員まで金儲けがしにくくなり、苦しい状況に追い込まれています。

そういうときに、彼らはフロント企業に命じて、一段と金の吸い上げを強化します。いま、彼らも必死なので、企業の経営幹部だけではなく、係長クラスの人まで狙われるようになって、ちょっとした混乱期に入っているといったところでしょうか。

危険な西麻布のビル

先に述べた海老蔵事件で西麻布の会員制のビルが話題になりました。あのビルは、じつはすごく危ないビルなんです。

危ないというのは、又貸し、又貸しで、歌舞伎町と同じことになっていて、たとえば、そこで殺人事件が起こっても誰が犯人なのかというのが、なかなかあぶり出せない。要するに、なにをやってもバレない場所なのです。

売春を斡旋《あっせん》している店もあったビルでもあって、西麻布の中にいっぱいあるけれど、会員制だというと本当に厳密な会員制で、そこにいるのは業界人ばかり。アイドルのポスターなんかがいっぱい貼ってあり、その右端に、「三〇」とか「五〇」とか「二〇〇」と手書きで書いてある。「この女の子、テレビに出たことないだろう」と聞くと、プロダクションの人は「これから売り出すんです」。

それで、「八〇ってなんだ?」と言ったら、一晩抱く値段だと。あるアイドルは一晩二〇〇万でした。私のところにも話が回ってきて、二〇〇万でどうだと言われましたが、「オレはちょっと」と断りました。

そのお金は本人にも少しは入りますが、大部分はプロダクションで、あとは斡旋する人間。なにせ危険な人がいっぱい集まっています。有名プロダクションに所属しているアイドルなんかでも、下のほうの人はそうやってカネを稼いでいるというのは年中耳にする話です。

暴力団の人口

警察の発表によると、日本の暴力団の人口は八万九〇〇〇人ぐらいだといわれます。警察用語で「マルB」といいますが、それは正規組員の数字です。実質はそんなものではありません。右翼団体、エセ右翼団体で恐喝をやったり、麻薬を売ったり、いろんなことをやっている、いわゆる「グレ者」を含め、さらに「共生者」を入れると、一二万人ぐらいの闇社会人口が日本にはいることになります。

アメリカはもっと深刻です。とくに最近、MSサーティーンという、少年ギャンググループからのし上がったグループがあり、これがいつも殺し合いをしています。

MSとはマラ・サルバトルッチャ。中米のエルサルバドルが内戦状態だったとき、毎日たくさんの人が死んでいたので、親たちがわが子の行く末を案じてアメリカに逃がしました。

アメリカへは難民としてきたわけですが、これがグループをつくり、同じくスペイン語を話すメキシコやグアテマラなどからの密入国者も加わって、いまアメリカ国内で一〇万人のギャングになってしまいました。

そのほかに、アメリカにはシシリー系のマフィア、メキシカンギャングなど、さまざまなアウトローがいますが、世界的にもっとも問題なのは中国マフィアで、当然、日本にも入り込んでいます。

全世界には中国系の華僑が三〇〇〇万人います。中国本土から出て、世界中に移住し、国籍も取得して、チャイナタウンを形成したりしています。この三〇〇〇万人のうち、二〇〇〇万人が中国マフィア、中国語でいうところの「黒社会《くろしゃかい》」の人間です。

「黒社会」を中国語で発音すると、「ヘイショーホイ」といった感じになります。この言葉を中国や台湾の普通のレストランなどで不用意に口にすると、一瞬、周囲に緊張が走ります。日本で「ヤクザ」と言った場合よりもっと強烈な恐ろしい響きがこの言葉にはあるようです。

それはともかく、中国マフィアが二〇〇〇万人も世界中にいて、みなネットワークでつながり、インターネット経由で情報交換をしていますから、どこの国ではこういう事案の取り締まりをやっているとかいったことがその日のうちにすべてわかっています。

日本にもきていて、関東だけでも四〇〇〇人ぐらいがいます。

私たちはこうした脅威の中で暮らしているわけですから、細心の注意を払って、自分の身辺に気をつけ、自分の身は自分で守るよう危機管理に心がけていただきたいと思います。

警察VS.ヤクザ

いま警察庁は「山口組をつぶす！」と言って長官が檄《げき》を飛ばし、躍起《やっき》になっています。心意気は評価できますが、現実はどうかというと、九州がわずかに平穏になったぐらいで、大阪は変わり映えしません。

たとえばYK組系が地元で息を吹き返し、いまだに関西系格闘技団体のグレ者が「ツワ○」と書かれたTシャツを着てミナミで風俗店、飲食店などからみかじめ料を取りたてています。暴力団対策法は大阪あたりでは一部にしか機能していません。

九州ではK会のトップが二〇〇八年に他界したあと少し勢いが落ちましたが、Y組、S会と五分の杯を交わしていますから、全国どこにでも進出できます。

反山口組系のD会から鬼っ子として飛び出した九州S会は、Y組の資金援助でD会との七年間におよぶ抗争を展開、結局二〇一三年に解散届を出しました。

そのため、D会が福岡からどんどん南下して、熊本にまで勢力を伸ばしています。熊本でなぜそんなに勢力を拡大できるかといえば、九州一、性風俗店が多い土地で、それだけ儲かるからです。

九州Ｓ会は解散届を出しましたが、まだ残党がいます。それからＫ連合、Ｔ州、Ｆ博会などもいて、これらは在日コリアン系の指導者が強いのですが、まだまだ平穏というにはほど遠いのが現状です。

このように警察はまだ暴力団に対して完全勝利にはいたっていません。警察庁も安藤隆春《あんどうたかはる》長官のころは熱心にやっていましたが、いまはどうもはっきりしません。しきりに組員数は減ったと言っていますが、これもあてになりません。

というのは、私が暴力団対策講演で全国へ足を延ばし、地元警察と親密交際をするから実状がつかめてしまうのです。

構成員（正規組員）の下に準構成員がいます。その準構成員の数を水増ししていけば、正規構成員の数がぐっと減ります。これが「減った」のカラクリです。

事実上は減っていませんし、先にも述べたように、右翼団体としての別動隊から、電話番、正規組員だが盃をもらっていない者なども入れると、一二万人はいます。

ただ、若い組員が減ったのはたしかです。庭掃除や手入れ、犬の番、便所掃除などいろいろな雑用をさせられるので、こらえ性のない若い人間は苦しい。それをいやがって、多くがフロント企業のほうに行ってしまう。

そこで、フロント企業では、ケンカ好き、博打好きで、覚醒剤をやるという社員が増えて、こちらのほうがずっとヨタ者ぞろいになりました。

一方、組が暴力団に指定されると、組員は居ずまいを正さなければすぐ逮捕されてしまうので、こっちのほうがけっこう普通の社会人的なルックスになっています。

つまり、正規組員とフロント企業の社員とのあいだにはっきりした境界線を引けなくなっています。むしろ逆転現象が起こって、社員のほうがいかにもヤクザ的な外見をし、グレ度がひどかったりします。

日本のヤクザもいよいよアメリカのマフィア並になって、「表向き実業家、じつはマフィア」といった若手が増えてしまったので、とても始末に悪い状況になっています。

公的見解によれば、在任当時の石原都知事が新宿の歌舞伎町を抑えたと言われるけれど石原さんが引いた後、ヤクザは減っておらず、また戻ってきています。歌舞伎町には多数の中国マフィアが入ってきて、事態は悪くなっています。

中でも注目すべきは、黒人マフィアが増え、とくにナイジェリア人が増大している点です。ロシア・マフィアの後追いをして、しきりに悪さをしています。ロシア・マフィアは全世界的な組織で、ナイジェリア・マフィアとも中国マフィアとも仲がよく、日本の暴力団ともパイを分け合っています。

一見健康そうに見えながら、じつは病態が悪化しているというのが現実なのです。

第3章　公安の危ない話

警視庁公安部外事課

「語学研修を受けてみる気はないか」

数寄屋橋、築地、銀座四丁目などの交番勤務をしながら、刑事課見習として盗犯（泥棒）、暴力犯（暴力団）、強行犯（強盗、強姦、殺人）等の捜査、あるいは特別捜査本部に駆り出されたりして大忙しだったころ、そんな話がありました。

警視庁に語学研修制度があることは知っていましたが、学生時代、英国にも居住しすでに実地業務で英語を使いこなしていましたから、いまさら習う必要はありません。だから、気にもしていませんでした。

ところが、なにやら「うまい話」の臭いが漂ってきます。

警視庁と千葉県警、栃木県警の一都二県合同による外国語研修制度で、そのときの募集は英語でした。

試験にパスすれば半年間、給料をもらいながら捜査英語を学んでいるだけでいい。勤務時間（学習時間）は九時すぎから夕方まで、夜勤もなければ、わずらわしい書類作成もなし。

「半年間、遊んで暮らせるぞ！」

とにかく受けるだけ受けてみよう、という軽い気持ちで選抜試験を受けたところ、トップの成績で合格してしまいました。交番と刑事課のあいだを飛びまわらされていた超多忙の生活から、一転してゼミの学生に。警察学校と違って、ここではビンタも蹴りも飛んできません。

二つのクラスがあって、東大出ランクのエリートばかりが集められたクラスと、一般警察官のクラス。もちろん私は後者で、高卒・大卒の混合クラスです。ただ、たとえエリートであっても英語が得意でない者も少なくありません。スキルアップのために勉強しにきているわけですが、英語に関してはこちらのほうが上ですから、立場が逆転してしまいます。

「おまえはそんなこともわかんねえのか。ほんとに東大出たの？」

階級は上、将来は上司になるかもしれないキャリアに向かって、私だけおまえ呼ばわりです。

クラスは四〇名ほどでしたが、中間試験でもトップ、最後の卒業試験もトップ、終了式のときは総代《そうだい》をつとめることになってしまいました。

総代になると外部にまで成績がトップだとわかってしまうようで、伊藤忠商事《いとうちゅうしょうじ》や新聞社など四社ほどの民間企業からスカウトがきたのにはびっくりしました。

「まだしばらく刑事をやりたいんで、申し訳ありませんが……」

民間からの誘いを断っていたところ、すぐさまに本庁からお呼びがかかりました。

「警務部長賞を授与するから、すぐ来るように」

今泉《いまいずみ》正隆《まさたか》副総監兼警務部長からの呼び出しというので、「これは金一封でももらえるかな」と期待して副総監室に出頭したところ、ニコニコ顔の副総監から、ありがたいお言葉とともにいただけたのは賞状一枚プラス万年筆でした。

選抜、中間、卒業の三度の試験ですべてトップだったのは「前代未聞の優秀な成績」とのお言葉。イギリスで暮らしていた経験がありますから、英語は第二の母国語みたいなものです。私にすれば、なんということもないのですが。

「今後も励んでください」

副総監じきじきに励まされたすぐ次の日には、もう公安外事警察《こうあんがいじけいさつ》へ異動の辞令です。

陸軍中野学校の技術

公安への異動で困ったのは、公安捜査講習のために中野学校に逆戻りさせられたことでした。最低三ヵ月。しかも、語学研修の半年間ですっかり怠け癖がついていたのでなおさらです。

朝八時に中野の警察学校の第三教養部に出勤すると、最初の日課が一周四〇〇メートルのトラックを一〇周、それも制服姿のままで。

「おまえらは自堕落《じだらく》だから、体力がない。鍛えなおしだ！」

制服に着替えて全速で四キロを走ったあと、汗ダラダラのまま教場へ入って、公安外事の講習を受けます。警察学校のときより厳しいくらいでした。

アメリカのＣＩＡやソ連のＫＧＢ等、海外の諜報《ちょうほう》機関の実態、最近の公安事件から、ラストヴォロフ事件、ゾルゲ事件など過去の歴史的事件の概要まで教え込まれます。

退屈な理論と並行して技術教育も受けます。たとえば「この技術は陸軍中野学校で開発されたもので、そのあと公安外事に引き継がれてきたものだ」とか。

教室での講習のあと一ヵ月ほどすると、現場での実地訓練です。

訓練用のモデルではありません。教務できた実際の公安外事各課の現役刑事と組んで、内偵中の捜査対象の尾行をさせられます。

「よし、行くぞ」

その日の教官として私についたのは、マッちゃんという現役の刑事でした。多摩川の近くに実際に潜伏している本物の過激派活動家が捜査対象でした。

「バカ野郎、そんなに近づくんじゃねえ！」

対象に近づきすぎると途端に後ろから膝の裏側を革靴で蹴られます。それがかなり痛いので声を殺してこらえていると、

「遠い！」

捜査対象との距離が開きすぎると、今度は後頭部を手でパチンとはたかれます。

それが終わると、今度は別の科目の教官から、監視の実地教習です。これも実際の捜査対象を見張ります。

「何時何分、カーテンを動かした」とか、「水を飲んだ」とか、対象の動静を仔細《しさい》にチェックし、克明に記録していきます。

「ながめているだけでいいのか。これならラクでいいや」

しかし、交代交代とはいえ二四時間監視で、対象が動いていれば夜中から朝まで付き合わされることもあります。対象が寝込んだとわかると、こっちもアパートに戻って一時間ほど仮眠をとったあと、頭から水をかぶって眠気をとり、監視再開です。考えていたほどラクではありませんでした。

右翼に声をかけて、世間話をすると見せかけつつ情報を引き出してくる、という訓練もありました。

「あいつと友だちになってこい」というのもあります。対象は下っぱの暴力団員で、そのバックには日本を代表する巨大組織が控えています。その男に声をかけ、知り合いになって、何日間か付き合ってくる、というものです。情報はとれなくてもいい、相手に素性を知られず、怪しまれずに近づくのが目的です。

このようにして公安刑事になるための必須科目を、理論・技術・実地の面から叩き込まれました。

ちなみに尾行や監視の訓練のときは丸腰ですが、たまに事件が起きて実習中のところを駆り出されることもあります。そういうときは拳銃を装着。制服勤務のときの拳銃はレンコン形のリボルバー（回転胴式）で、弾丸を五発装填《そうてん》しています。ところが、公安になると、ブローニング32口径オートマチックを持たされます。薄くてシャツのポケットにも入るので、普通に背広を着ていれば、外からはまったくわかりません。

ロシア人スパイ亡命事件

公安外事で最初に関わった仕事は、ロシア人スパイの亡命事件でした。ただし、この事実は、テレビや新聞では一切報じられていません。公安事案では闇から闇へ、という例が少なくありません。

当時はまだソ連の時代ですが、日本を拠点にアジア地区で活動中だったKGBの情報部員が西側への亡命を求めて救援を要請してきました。それを外事一課が保護、アメリカのCIAに引き渡すまで、都心の比較的小さな目立たないホテルにかくまっていました。

極秘裏にCIAと落ち合う場所ですから、オークラとかニューオータニといった目立ちすぎるホテルは不適当です。最優先されるのが保秘《ほひ》、情報が漏れないことです。また、セキュリティがしっかりしていることも重要です。そうした条件をみたした上でもっとも近いところとして選ばれたのが、そのホテルだったわけです。

ところが、ホテルに潜伏しているところをＫＧＢが取り戻しにくるかもしれないという情報が入ったため、急遽《きょ》、休暇中だった私まで駆り出される羽目《はめ》になってしまいました。

銃撃戦になるかもしれないというので、ふところにブローニングのオートマチック拳銃を忍ばせ、ロビーで張っていましたが、いっこうに取り返しにくる気配がありません。最初はピリピリと緊張していましたが、しだいに気も緩んできます。

「なんだよ、きやしねえーじゃん」

暇《ひま》をもてあましていると、「吸い上げ」という方式で当時投入されていた外事一課の上司から、亡命者がかくまわれている部屋まで来るように言われました。かなりの大物スパイとのことで、本庁からロシア語の通訳がきていましたが、ＫＧＢの情報部員といっても外国で活動している場合、ロシア人ではないこともあります。そういうときの用意として英語ができる私にも同行するようにとの指示でした。

五十代前半ぐらいのなかなかいい男で、結局ロシア人だったため、私の出番はありませんでしたが、ロシア語通訳を介した話から、事情はわかりました。

妻子はすでにモスクワを離れ、ヨーロッパの自由圏に脱出、ＮＡＴＯにかくまわれています。亡命するのはいましかないと判断し、アメリカ側と話をつけました。ＫＧＢに勘づかれて追われているとのことでしたが、日本では合法的に銃を所持してガードできるのは警察しかありません。そこで、警視庁の外事一課が彼を保護し、来日したＣＩＡに引き渡すという手筈《てはず》になっていた、というわけです。

この亡命劇には前置きがあって、彼は通商代表部の職員という触れ込みで活動していました。しかし、アメリカのＣＩＡは彼がソ連のスパイではないかと見当をつけ、民間人の仲介でそれとなく接触をはかっていました。相手もアメリカの情報部員だと気づいているのでしょうが、顔を合わせても、ふだんは知らんぷりです。ただ、ＣＩＡ側は「なにかあったときには連絡を」と言って彼に電話番号を告げておきます。

そして、自分が亡命を決断したとき、その番号に電話をします。

「家族はヨーロッパへ行って保護下にある。今度は私がお世話になりたい」

ＣＩＡは素早く亡命を実現させるための手筈を整えます。彼からソ連側の情報を得られるチャンスですから当然ですが、日本で起きた事案だということで、まず日本の警察に通報。東京で起きた対ソ連事案ということで、警視庁公安部の外事一課が扱うことになり、当時の私は外事一課所属ではなかったものの駆り出されることになったというわけです。

すでにホテルに到着していたＣＩＡの部員が本人に間違いないことを確認、横田《よこた》基地へ搬送されていきました。米軍基地ならパスポートは不要ですから、そこから飛行機でアメリカ本土に飛べば、記録を残さず出国できます。

途中でＫＧＢの襲撃がないともかぎりません。実際に会っても私には大物スパイという印象はありませんでしたが、米軍から手配された四台の車の前後を、私たちが搭乗した公安の車両がガード、一人の亡命者を総勢六台の車で搬送するというものものしさでした。

こうした場合、狙われやすい首都高速道路は使用せず、一般道路を走行します。信号があらかじめ操作されていて、丸の内から横田基地まで猛スピードで一度も停止することはありませんでした。途中、一度だけ、交通取締りの検問があり、ちょっと速度を落としましたが、「下がれ、下がれ」といった感じで蹴散らすように通過してしまいました。

こうして公安での初仕事は無事に終了しましたが、間の悪いことに、その日は私の妹の結婚式の日。休暇をとって楽しみにしていたのに、飛び入り任務のせいで欠席を余儀なくされ、両親の印象をますます悪くしてしまいました。

秘密機関　サクラ・チヨダ・ゼロ

公安警察の中枢《ちゅうすう》は警視庁の建物の中にありますが、都内には非公開の拠点があちこちにあります。

たとえば組織犯罪対策四課（旧捜査四課＝マル暴）の中枢も本庁の建物の中にありますが、実際にデリケートな事案で出動するときは、都内各地にある非公開の庁舎《ちょうしゃ》から出発します。本庁から大挙して出動すれば、相手方に事前にバレてしまうからです。

公安も同様で、所属が同じでも、担当が変わると出勤場所が違ってくることもあります。もちろん、報告等で定期的に本庁にも出勤します。

公安研修をしているときはアパートから中野学校に通っていましたが、一ヵ月に一度は本庁に報告にいっていました。そのときの直属の上司が、のちに内閣危機管理監になったSさんでした。

そのころ公安にはサクラ、チヨダ、ゼロという秘密機関があって、Sさんはゼロのボスでした。私は応援のためにあちこちに行かされていたため、自分が書類上どこに属していたのか、じつはよくわかりません。

三大秘密機関の全貌《ぼう》は中枢にいる人しか知らないと思いますし、私は指令を受けたらそれを徹底してやりきるタイプなので、組織上のことは関係なく、気にもしていませんでした。

担当が変わると上司も変わりますが、デリケートな公安捜査の時には、私はカジュアルな宴会にはできるだけ行かないようにしていました。警察の雑多な仲間の中に敵が潜入している可能性も絶対にないとは言い切れないので、まわりに素性のわからない人がいるところで酔うのには抵抗がありました。宴会に出席しているときに自分の任務がバレて失敗したり、命の危険にさらされたりすることがないように注意していました。

ですから、仲間の誰がどの組織に属しているかということは知る由もありませんし、現場の捜査員にしてみれば、そのときの相棒がどこの誰であろうと関係がありません。

たとえば、急に誰かとチームを組むように言われることがありますが、その相手と会うのは当日の朝です。公安部の部屋で引き合わされ、名乗って挨拶を交わします。相手の身分を確認することもありません。ただ上司の言うことを聞くだけです。

上司からの下命の内容は、メモをとることが許されず、すべて暗記しておかなければなりません。私は記憶力には自信があったのですが、その日の体調で忘れることもあります。そのための訓練を受けてきたとはいえ、うーむ、と思うこともありました。

そこで、自分なりに工夫をするわけですが、背広の右ポケットにいつも短い鉛筆と紙を入れていて、上司の話に適当に相槌《あいづち》を打ちながら、中でさっとメモをとってしまうのです。すぐ手を出して顎《あご》などさすってごまかし、メモをとっていないふりをします。

じつはこれが上司にはバレていた可能性があります。でも上司にしても、手を見せられてメモをとっていないという意思表示をされれば、あとで部下の不始末が明るみに出ても、自分の責任は免《まぬが》れます。そこさえクリアできれば、わざわざ問題化してこじらせる必要はありません。「おまえ、いまポケットの中でモゾモゾやっていたな。なにしてるんだ」などとよけいなことを言っているようでは、出世の道には乗れないということでしょうか。

警察にかぎらず、公務員にはそうした「約束動作」というのがあって、お互いに責任問題には踏み込まないようにして保身を助け合っているところがあります。

宴会には出席しないといっても、たまたま相棒になった捜査員と仕事以外ではまったく口をきかないというわけではありません。

たとえば相方とともに尾行をしていたとします。対象が自宅に戻り、風呂に入ったあと、電気が消えたとすると、

「もう追い込んだから、今日は終わりにしよう」

上司に電話で報告をしてその日の業務を終えたあと、そのときの相棒と一緒に飲むことはよくありました。

「なんだ、おたく、九州の出身?」

信頼できそうな相手とは、そんなきっかけから話がはずむこともあります。

「えっ、鹿児島鶴丸《つるまる》高校卒業?　学年で二番?!　だったら、なんで東大に行かなかったの?」

「家が貧しくてね」

「なぜ警察に?」

「東京に出たかったんだよ。それで鹿児島で警視庁の試験を受けて出てきたんだ」

大学に行きたかったけれど家の都合でかなわなかったという人が警察官の中にはかなりいます。自分の希望どおりにいかなかったことで、とても悔しい思いをしてきた人も少なくありま

せん。このときの彼も、

「いまからだって大学に行きたいんだ」

「だったら、通信教育を受ければ……」

そんなふうに人生相談のようになってしまうこともありました。本当に軽く東大、京大に入れる頭脳の高卒もたくさんいるのが警察です。キャリアになった者たちには信じられないでしょうが、ノンキャリは27万人いるのです。そんな奴はたくさんいます。


たいていの場合、チームを組んでしばらくしてから実際の行動に出るものですが、その日に会った人とすぐに、という場合もかなり多くあります。実際の行動を起こすまでの時間が長ければ長いほど、情報が漏れる可能性が高くなるからです。

たとえば家宅捜索などに向かうときは、秘密拠点の部屋で説明を受けたあと、出発まで部屋から出ることも、外部へ電話することも禁止されます。捜索先の見取図、関係者の相関図などを見て頭に叩き込んだら、いざ出陣です。

三日ぐらいのプロジェクトがあって、それがすんだら解散。その次の仕事ではまた別のチームを結成し、終われば解散。

このようにして、日本の公安警察では、保秘に関してはことのほか神経をとがらせています。大変ムダがなく、外国の情報機関と比較しても、捜査経済的にも秀逸です。

公安の過酷な任務・監視

情報漏洩《ろうえい》防止のため、いまは警察官個人に対するチェックがとてもきつくなっています。

小学校の同級生に暴力団員はいないか、親戚に犯罪者はいないか、おかしな女と付き合っていないか等々、徹底的に調査されます。とくに刑事警察と地域警察で厳しくやられます。あまりに締めつけをきつくしすぎると、ストレスのうっ積から、逆に警察官が痴漢をしたとか、スカートの中を盗撮したとか、破廉恥《はれんち》な事件が多発するようになるのでは、とたまに私は思っています。私たちのころは、誰と付き合っていようと、そのことを上司に報告しておけば、うるさいことはなにも言われませんでした。

「オレの付き合っている女はこーゆー女っスよ」

「そう、若いのはいいね。独身だから、いいんじゃないの」

ほとんどそれで通っていましたし、情報漏洩を疑われることもありませんでした。むしろ、隠れてコソコソというのがもっとも疑われやすかったようです。

とくに公安警察の場合、情報さえ漏らすことがなければ、そんなに神経質に締めつけることはありません。そんなふうにしなくても、チームの誰かが情報を漏らせば、部内ではすぐにわかります。捜査対象に情報が漏れれば、昨日まで所在をつかんでいた対象が急に姿をくらます

など して、捜査がそこで止まってしまいます。それで「あっ、漏れてるな」と、ピンときます。

たとえばあるマンションに何人かのスパイが住んでいて、どの部屋に誰がいるかということがわかったとすると、すぐ捜査員が現場に向かいます。周囲を調べて、その部屋が見渡せる場所に都営アパートでもあれば、空き室を何部屋か借り上げて、そこから対象一人ずつを、目視と望遠鏡で、二四時間体制で監視に入ります。

じつはこれがとてもつらくて、レンズから一時も目を離さず、動静を記録しなければならないので、すぐに目はチカチカ、頭はガンガン、目まいや吐き気までするようになります。一人一時間が限度なので交代で見張るわけですが、のちに時と場合に応じて、撮影カメラで動画を撮るようにもなりました。

そんなふうに苦労して監視していても、誰かがちょっとでも情報を漏らせば、その瞬間、対象全員が一斉にマンションを引き払って姿を消してしまいます。それまでの捜査はすべて水の泡。だから、すぐに漏れたとわかります。そうなると、お互いに疑心暗鬼《ぎしんあんき》になり、チームは成立しません。

監視の苦労でもっとひどかったのは、海沿いの空き倉庫に張り込んだときです。

向かいのビルにいる捜査対象を、二名ずつ二手に分かれた捜査員がそれぞれ別の場所から同時に監視することになりました。私とノンちゃんという先輩は、空き倉庫の二階に張り込むことになりましたが、小さな窓はあっても、そこに張り込みに適したスペースがありません。しかたなくコンクリートの梁《はり》の上を這《は》っていって、窓に近づきますが、その上は埃《ほこり》だらけで、いろんな虫がウヨウヨしています。

やっとたどりついた窓際に身体をかがめて対象を見張り、なにか動きがあれば「何時何分、だれだれが部屋に入った」などと記録、それをノンちゃんと一時間交代でやっていくわけです。

ところが、翌日だったか、ノンちゃんが二日酔いだというので、しばらく一階で仮眠をとるように勧めました。ところが、ぐっすり寝込んでしまったようで、一時間を過ぎても交代にやってきません。

刑事時代の著者

捜査対象に気づかれないよう暗闇の中から見張っています。タバコの火は数百メートル先からでも確認できるので、吸うときは火の部分を手でおおい隠しながらです。長時間、埃にまみれてコンクリートの上に腹這《はらば》いになっていたら、身体が冷えて尿意《にょうい》をもよおしてきました。でも、ノンちゃんが交代にきてくれる様子はなく、しばらくすると下腹までグルグルと渋りはじめる始末でした。

それでも対象の一瞬の動きも見逃すわけにはいかないので、トイレに立つことはできません。その場を留守にしている間になにかの動きがあったら、もう一ヵ所で別の二人組が張っていますから、あとで記録を付き合わせればサボっていたことがバレてしまいます。

どうにも我慢できなくなって、やむをえずその場でジョージョーと小便を垂れ流すほかありませんでした。

公安警察が行なう監視は、刑事警察のそれとはやや違って、対象の一挙手《いっきょしゅ》一投足《いっとうそく》を記録に残していなければなりません。その点をとてもうるさく言われます。実際の張り込みは、テレビドラマで見ているようなわけにはいきません。きつい、きたない、キケン、公安警察こそ典型的な３Ｋ職場です。しかし、大好きな３Ｋ職場でした。


刑事警察で一番つらいのは組織犯罪対策（組対＝マル暴）の刑事だと言われます。

たしかにマル暴には、家宅捜索のときに抵抗されて痛い目にあわされることもあるし、相手が銃刀を所持していれば命にかかわる危険もあります。しかし、そのために警察官も武術の鍛錬をし、武器使用を認められているので、忍耐力の限界を超えたつらさを強《し》いられることはあまりありません。

それより組対がもっとも注意しなければならないのは、金銭や物品、便宜《べんぎ》供与《きょうよ》、色仕《いろじ》掛《か》けなど、さまざまな誘惑があるので、油断したり弱みがあったりすると簡単に向こう側に引き込まれてしまうという点です。これで失敗し、人生を棒に振った警察官は数知れません。

つらいという点で公安に匹敵するのは、むしろ捜査二課でしょう。贈収賄《ぞうしゅうわい》、選挙違反、詐欺《さぎ》、汚職などいわゆる知能犯を扱いますが、とくに公務員汚職とか選挙違反関係では、金銭授受など確実な証拠と現場を押さえる必要があるので、尾行や監視には、公安同様の高度の忍耐が要求されます。

それでもいったん集めた証拠はそれなりに有効ですが、公安の場合、性質が違いますから、ゲロ吐いたり、小便ちびったりまでして集めた成果も、たった一度の情報漏洩によってすべてが無になってしまいます。その消耗度は刑事警察の比ではありません。


いま警視庁捜査二課では猛烈な勢いで公務員汚職の調査を進めています。いまのところの二課長はキャリアですがノン東大。空手を白帯から黒帯四段になるまで教えてやった弟子です。警視庁でもキャリア組の多くは東大出で占められていて、知能犯、とくに最近はサイバー犯罪が増えているので、捜査二課長のポストは東大出の定位置でした。

そこに東大でない人がつけば、その気になれば相手が高級官僚（トップグループはほぼ東大）だろうと政治家だろうと、遠慮会釈《えんりょえしゃく》なく辣腕を振るうことができます。だから、公務員や議員たちは戦々恐々としています。

ただ、それより上のポストは軒並み東大卒ですから、どこまでやれるか不透明ではあるのですが、心の中で「頑張れよ」と応援しています。

要人警護「SPとBG」

たとえば現職の大臣が奥さんと一緒にデパートで買い物をするといった場合、要人警護《ようじんけいご》としてSPが一人つきます。SPとは「セキュリティポリス」のことで、平たく訳せば「公安警察」ですが、実際には警視庁警備部警護課の所属です。

バッジに「SP」と書いてあるからすぐわかりますが、その周囲に目立たないように二、三人の私服がついていることがあります。バッジには「BG」とあります。「ボディガード」の意味で、これが公安の隠密《おんみつ》部隊です。

私はE防衛庁長官とO首相のBGを担当したことがあります。

Oさんは衆議院解散後の選挙運動中でしたが、その途中で倒れて入院、すぐに亡くなりましたので、とても印象に残っています。

SPは対象に対してぴったり警護で、いわば衝立《ついたて》役です。大柄で目立ったほうがいいけれど、BGは対象から一定の距離をおいて隠密裏《り》に対象を警護します。対象をかばう役と、戦う役の違いといっていいでしょう。どんな危険にも対応するため、SPもBGも銃を使う覚悟はふだんからしっかりとあります。

首相のＢＧについたのは一人だけでしたが、防衛庁長官にはその後も何人かにつきました。ただ、ここでも縄張り争いというか、ＳＰには特権意識をもった人がいて、私も経験していますが、ときどきＢＧと衝突することがありました。

なにかのイベントに防衛庁長官が出席したときのことです。ＳＰは概して大柄、見るからに強そうで、目つきも鋭く、威圧的です。ダークスーツに白いシャツを着ていますから、一般の人にもそれとわかります。外見で襲撃などを未然に防止するという意味もありますから当然でしょう。

一方、急に駆り出された私は、服装もごく普通の私服で、ＢＧのバッジをつけていなければ一般人と区別がつきません。そこに集まった市民から見ると、「イベントの主催者側の人」といった印象しかなかったのでしょう。

「こんな写真、撮れましたから、よかったら長官に差し上げていただけませんか」

その場に集まった市民の一人が、自分のポラロイドカメラで撮影した長官の写真を私に託していきました。それは市民に囲まれた笑顔の長官のほほえましい写真でした。ＳＰを通していては時間もないため、

「長官、このような写真が届いています」

長官もそれを手にすると破顔一笑。

「ああ、いいねえ。こういうのはいい思い出になるよ。ありがとう」

きさくな長官は喜んで受け取ってくれたのですが、そばに張りついていたＳＰから見れば、それはとんでもない行為です。長官から私を強引に引き離すなり、食らいついてきました。

「なんだ、おまえ、ＢＧだな。勝手なことをするな」

「写真の一枚くらいで、どうしたって言うんだ」

ＳＰはＢＧを一段低く見ていますし、外見からしてもこちらはノーマルですが、それぞれに任務が違います。ただ互いに、なにかあったときに身体を挺して戦うのは自分たちだ、という自負があります。

「なんだ、この野郎」「てめえこそ、なんだ」と、防衛庁長官の目の前でＳＰとＢＧが低くうなる角突《つのつ》きシーンがありました。

「てめえ、殺すぞ！」

私がそう言ったところで、さすがにこれはまずいと思ったのですが、長官が笑いながら割って入り、

「なかなか勢いがいいね。頼もしいよ」

それでうなり合いはぴたり。しかも、私は覚悟をしていましたが、あとでお咎《とが》めも問責《もんせき》もなかったのは、長官が取りなしてくれたからでしょう。若者の私は貫禄《かんろく》の違いを痛感させられま

した。

それはともあれ、同じ警視庁の警察官同士なのに、扱う領域がちょっとでも重なっていると、そこのところでいつも摩擦《まさつ》が起こります。まして役所が異なる麻薬取締官と組織犯罪対策五課の刑事の仲が悪いのは、当たり前かもしれません。税金を収めている市民にしたら、そんなことでは困るのですが。

公安外事の女性刑事

公安外事には女性の刑事もかなりいます。右翼担当にもテロ対策にも女性刑事はいます。彼女たちは美人が多いのに、気が強く、プライドも高く、また日本警察にはしっかりとした美徳があるので、色仕掛けで情報を取るということは絶対にしません。日本の婦人警官はハニートラップとは無縁です。

警察に奉職する女性のかなりの人口が薩摩《さつま》藩の士族の系統で、ほかに長州《ちょうしゅう》、東北だったら伊達《だて》藩の系統ぐらいでしょうか。ですから、士族の女子、いまだに幕藩《ばくはん》体制時代のマインドでやっています。もちろん、サラリーマン、農家、商家の娘もいますが、士族の血統は見事に生きています。

公安外事の女性捜査員にも鹿児島など九州出身者が多く、しかもどんどん昇任して幹部クラスになっていきます。彼女たちは仲間同士では九州の方言でしゃべり合っていますから、早口で話されると、なにを言っているのかまったくわからないことがあります。だから、部下の男性警察官は、なにか言われても黙っているほかありません。いたって従順《じゅうじゅん》です。

そして、婦人警官だけでなく、政府関係でもなんでも、日本側がハニートラップを仕掛けたという話は聞いたことがありません。

中国やロシア、アメリカには、実際の男女関係はせずとも整った外見で任務をこなす人材が必ずいます。ロシアのアンナ・チャップマンは「美しすぎる女スパイ」とまで言われて破格の待遇を受けていました。日本では、とても考えられません。

その意味では、日本の公安は世界中でも特殊な存在だといえるでしょう。

盗聴対策

公安警察はやろうと思えば盗聴ができるだけの技術をすべてもっています。というより、どんな低レベルの探偵でも盗聴はできますから、そんなに難しい技術ではありません。

たとえば日本の軍事機密や外交機密を売っているかもしれないと見当をつけた被疑《ひぎ》者がいたとします。彼がどこに長距離電話をかけたか知りたかったら、電波を横取りして録音すればいいだけですから、いたって簡単です。

通信傍受《つうしんぼうじゅ》（ワイヤタッピング）といいますが、これが合法か否か問題になりますが、時と場合によります。

裁判所が発行した令状なしでも捜査での盗聴が可能なアメリカと違い、日本では捜査のための通信傍受が許されるのは、薬物、銃器、集団密航、組織的殺人行為の捜査に限定されています。

日本は令状主義ですから、裁判所に申請します。ところが、許可申請書の中に「通信傍受を許可する」という文書があっても、書類が山のようにたまっていますから、じつのところかなりの数の裁判官は詳細を見ずにどんどんハンコを押してしまいます。すると、裁判所がOKしたということで、濾過器《ろか》を通ったことになります。そんなわけで、通信傍受のほとんどは、いまは事実上、合法と考えられています。

通信傍受をもっともさかんに行なっていたのがかつての東ドイツで、量も多く、技術も高かったですが、それはすべてソ連KGBが教えた技術でした。

日本の技術は、その東ドイツより優れていました。アメリカも東ドイツの技術をもっていましたから、いまでは世界のどこの国もトップレベルの盗聴技術をもっていることになります。

ドイツのメルケル首相の携帯電話をアメリカの国家安全保障局（NSA）が盗聴したとしても、当たり前のことと受け取られています。盗聴されていることを前提に、メルケル首相はもともと二台の携帯電話を持っていました。一台は盗聴されていることを前提にした、誰に聞かれてもいいもの。それをアメリカが盗聴しただけの話です。

亡命したアメリカの情報局員スノーデンが「暴露」したから、ドイツも形だけは抗議をしたけれど、盗聴の首謀者をあぶり出すようなことはしていません。だから、みんなが承知していて、世界の首脳はすべて聞かれていると考えています。


私も盗聴されたことが何度もあり、そのたびに電話番号を変えていました。公安外事のときに私の電話に盗聴をしかけたのは北朝鮮と中国で、その前は暴力団でした。

盗聴されているかどうか、こっちもいつも自分の電話機を調べています。盗聴されると、電力が奪われて電圧が低くなり、ボリュームが下がります。それを測定していけば、簡単にわかります。現役の警察官のときは、四つか五つの情報機関からずっとチェックされていました。

それでも、貴重な情報が盗られたことはありません。そういう情報は電話では絶対にしゃべらないからです。私たちは基本的に、実際に会ってしゃべることになっており、そういうところはアナログに徹していました。ＩＴがどれだけ進歩しても、根本的なところでは信用していません。とくに公安外事ではその傾向が徹底していました。


現役警察官から警察ＯＢに身分替えしたあと、公安外事から対中国関係の捜査を頼まれたことがありました。現役時代と違って、携帯電話が普通に使える時代になっていますので、プロジェクトを実行しているとき、相棒とも携帯で連絡を取り合います。ただし、基本的にＩＴは信用していないので、三桁の数字を使って会話します。

たとえば朝会ったときに、北芝から山本への連絡は3から5と決めておきます。仕事に入ったあとで電話をするときは、「3だけど」と言うと、相手は「あっ、5です」「では０１００時に４Ａで」といったやり方で連絡を取り合います。場所もすべて朝打ち合わせておいた数字で伝えます。そして、その番号はその日のうちに変えてしまいます。そうすると、盗聴していても、相手にはなんのことかさっぱりわかりません。

そのころは中国の工作員があちこちにいましたから、そのようにして、彼らに聞かれていることを前提に連絡を取り合っていました。電話中にメモをとるときも、ポケットの中で、いつも忍ばせている短い鉛筆とメモ用紙を使って書きつけます。誰が見ているかわかりませんから、書いている指先は見られないようにします。外からは、ポケットに手を突っ込んでいるようにしか見えません。

そのメモは、一回ごとに焼却します。台所のステンレスシンクの中で焼いて、水を流せばそれで終わりです。

いまは携帯が普通になっていますから、いざというとき携帯が使えないのはとても不便です。そこで、暗号で連絡を取り合うのですが、普通の会話の音声を変えてしまう方法もあります。しかし、音声変換も、新しい機械で解読されたらそれまでです。その点、通常の音声で数字を使って会話し、その数字を毎日更新してしまえば、中の情報は相手に伝わりません。

国際的大物テロリスト「カルロス」

イリッチ・ラミレス・サンチェス。ヴェネズエラ出身。
コードネーム「カルロス」。通称、「カルロス・ザ・ジャッカル」。
一四件のテロ事件に関与し、世界中で八三人を殺害。
重傷を負わせたのは一〇〇人超。
スーダンで捕縛され、現在はパリ一四区の中にある「サンテ刑務所」に服役。
八三人も殺しながら一応、終身刑。
小説や映画にもなった業界有名人。

公安外事警察にいたとき、国際刑事警察機構（ＩＣＰＯ＝インターポール）から、このラミレス・サンチェスという国際的テロリストが日本に侵入したという情報がもたらされ、インターポールの下請けとして、私と仲間がそれを追いかけることになりました。
当時、日本の警察はまだ国際感覚に疎く、インターポールからの要請にはあまり熱心ではありませんでした。そんな中で私はとりわけ一生懸命やったほうです。なにしろ、半年ぐらい追いかけていましたから。ところが、いくらあちこちに網を張っても、いっこうに情報がかかってきません。

「ラミレス・サンチェスの件はどうした？」

「一応、やっていますが……」

「そうか、じゃあ、もうそれはやらんでいい」

「どうしたんですか」

何ヵ国ものパスポートを持って世界各地を逃げまわっていたが、外国で捕まった、とのこと。日本にいないものをいくら追いかけても、捕まるわけがありません。

捕まえる場合、日本ではどのようにやるかを上司に聞いたところ、検問の警官が車の運転席のところまで行って窓を下げてもらい、パスポートの提示を求めるのだといいます。相手確認してからでないと逮捕はできないのです。

「それで、相手がいきなり撃ってきたらどうするんですか？」

「防弾チョッキを着てるから大丈夫」

「顔を撃ってきたら？」

「そのときは、死ぬだろうな」

「それって、ヤバいじゃないですか」

「なあに、弔慰金《ちょうい》、四五〇〇万円出るから」

日本の平和ボケが絶頂のころでしたから、そうした事態に対して、まるでリアル感がありません。

「夜、飲み歩いていて、たまたま六本木のバーで横にいた外人がラミレス・サンチェスだったらどうするんですか」

「おそれいりますが、ラミレス・サンチェスさんですか、と聞いて、本人であることを確認してから逮捕しろ」

国際手配されている容疑者が、「はい、そうです」と答えるわけはありません。

そのほかには、ロシア人の女スパイの捜査もやりました。ソ連のＫＧＢ直属のスパイで、二〇代後半の美貌の女性でした。彼女の得意の手口は、その美貌を生かしたハニートラップです。日本に駐在している西側の大使館員に近づいて、色仕掛けで誘い、一夜をともにして相手から情報を聞き出すという手法です。それも、アメリカやヨーロッパの主要国の外交官ではすぐ見破られてしまうので、彼女のターゲットはＢ級国の大使館のちょっとした地位にある外交官です。

チームを組んで彼女を二四時間尾行し、何時何分にどこの国の大使館の誰と、どこで食事して、どこのホテルに入り、何時まで滞在したか……といったことを克明にメモし、彼女が接触した外交官はすべて写真に収めていました。

さらに、二人が出ていったあとのホテルに強引に踏み込みます。

「いま、外人がきていたな。重要事件の参考人なので、ちょっと部屋をあらためたい」

掃除にかかっていたら、すぐにストップさせます。そして、おもむろに部屋の中を捜索、いろいろな痕跡《こんせき》と証拠を採集します。たとえばコンドームが残っていれば、ビニールの手袋をはめて、付着している体液や陰毛などを採取し、鑑識にまわして、精子などから外交官の素性を特定していきます。

そこまでやらされましたが、だからといって、日本の警察が逮捕しなければならないような容疑があるわけではないので、泳がせたままでした。

彼女は今も日本にいて、所在もわかっています。

当時は、生まれたときのことからなにから、彼女のことならなんでも調べまくりました。語学が堪能で、日本語もペラペラでした。本国からの活動資金は、ルートを探られないためでしょう、複数の商社などを経由し、「謝礼《しゃれい》」等の法に触れない名目で、最終的には一緒に暮らしていた母親の銀行口座に振り込まれていました。

いまは五〇代になっていると思いますが、当時一緒に住んでいた母親もすでに亡くなりました。

警察を辞めたあとも気になっていましたが、一〇年ほど前、広尾の高級スーパー「明治屋《めいじや》」

で見かけたときにはすっかり老けて、見るかげもなくなっていました。

対象の情報を得るため、六本木のバーなどでいろいろな外国人と会っていましたが、そういうときの費用は、公費から支払われません。まったくの自腹です。事案そのものが極秘扱いでは、経理に請求することもできません。

ＣＩＡと違って、お金をふんだんに使えるわけではありませんから、できるだけ安いところを探します。

ホテルオークラの二階に会員制のバーがあり、アメリカ大使館員の多くもそこを利用していました。そこに匿名《とくめい》で、ジョニ黒ではなく、安いほうのジョニ赤のボトルで入れておき、外国人と会うときは、それをチビチビやって、そのたびに自腹を切っていました。

アメリカ大使館員の知り合いが私の安酒を見てかわいそうに思ったのでしょう、自分のを飲ませてくれたこともあります。食料品などを恵んでもらったことまであります。

赤坂にアメリカ大使館職員用の基地があります。ヘリポートも備わっていて、なにかあったときのための避難場所になっています。一般人立入禁止で、そこの地下が食料倉庫になっていて、何年分かの食料が備蓄《びちく》されています。

彼らは私をそこに連れていって、簡単なものを買ってくれました。

あるとき、「ハムはいるか?」と言うので、「もちろん、イエス」と答えたところ、ひとかかえ分もくれました。ところが、持ち帰ってすぐさま一本を切って食べたところ、塩辛くて半分も食べられませんでした。

命を狙われる公安捜査員

韓国の李承晩《イスンマン》大統領時代の最後のころから情報活動をしていた人で、のちに韓国中央情報部（ＫＣＩＡ）からアメリカＣＩＡの正規職員になった韓国人がいます。

母親が東京の広尾《ひろお》の付近に住んでいて、そこに招かれて韓国料理をご馳走になったことがありました。その人がロスアンゼルスの支部に勤務していたとき、母親が亡くなったため、日本に戻ってきたことがありました。

そのころ私はまだ警察官でしたが、一緒に五反田《ごたんだ》を歩いていたところ、いきなりガード下で四、五人の男に襲われて、殴る蹴るの暴行を受けました。

さかんに持ち物を奪おうとしてきます。こちらも応戦、撃退し、なんとか気を失わずにすみました。私も同行の韓国人も血だらけです。彼はうしろから羽交い締めにされ、財布を奪われそうになったようですが、その人もＣＩＡで鍛えていたのか、相手の目に指を突きたてたら、ズボッと中ほどまで入ってしまった。引き抜いたところ、血がドバッと飛び散りましたが、それでもまだ向こうは殴りかかってきます。

結局、私も彼もなにも奪われずにすみ、命も助かったので、一安心しました。

「北のやつらだな」

テコンドーでも技に北朝鮮特有の癖《くせ》があるらしく、しかも、標的は私ではなく、ＫＣＩＡからアメリカのＣＩＡに行った韓国人を拉致しようとしたか、最低でも身分証明書を奪いたかったようです。

後日、自衛隊で北朝鮮のテコンドーの動画を見せてもらって、だいたいは確認できました。

公安部の研修を受けていたころのことです。当時、巣鴨《すがも》のマンションで一人暮らしをしていましたが、講習を受けたあとはまっすぐ帰宅しないで、二ヵ所ぐらい寄り道をして、尾行がついていないことを確認してから帰るようにと言われていました。

夕方より宵《よい》の口《くち》に近い時刻でした。その教えを守って、電車を乗り換えるとき、いったん駅を出て道路を歩き、近道のために細い路地に入ったところ、背後から一台の自動車が急にスピードをあげて、こちらに向かって突進してきました。道路の端を歩いていたので、横にはスペースがありません。

講習で「駅のホームの端には立つな」と教わっていましたが、両側が塀《へい》の狭い道路の端も同じで、襲われたら逃げ場がありません。考えている暇もなく、すんでのところで脇のコンクリート塀の上に飛びついて懸垂《けんすい》、足を持ち上げて、車の急襲をかろうじて避けることができました。

車は、ズズーッと音をたて、火花を散らしながらコンクリート塀をこすり、そのまま走り去っていきました。

突進してきたとき、反射的にナンバーを見ましたが、黒く汚れていて読めませんでした。それで「あっ、襲われたな」と直感しました。運転していたのは明らかに東洋系の顔をした男でした。北朝鮮人か中国人かもしれませんが、そういうことがそのあとでもう一度ありました。

当時、外務省の外務研修所の教官のサワダさんも同じ目にあって、横っ飛びに転がり、泥だらけになりながら逃げたという経験をしているそうです。サワダさんを襲ってきたのは白人で、東側だったと言いきっていましたが、同様に二度ほどひき殺されそうになったということです。

東京の公安の「吸い上げ」で上京していた北海道警のある公安捜査員は、お茶の水のニコライ堂を出たあと、上野《うえの》から函館《はこだて》に帰る予定だったところ、それきり行方不明になって、いまだに帰っていません。対ソ連が担当でしたから、公安部では東側に殺された可能性が高いと言っていますが、死体も出ていません。

私が襲われた件もそうですが、こうした場合、一般のニュースになることは絶対にありません。行方不明なら記録に「失踪《しっそう》」と書いてそれきりです。私がひき殺されていたとしても、単なる「ひき逃げ事故」で処理されます。これが公安事案の特徴です。

公安捜査員の自殺が全国各地で起こっていて、その中には他殺を疑われるケースも少なくありませんが、これも深く詮索《せんさく》することはしません。

道警の公安捜査員が任務で東京にきていたことでもわかるように、公安警察は日本全国でつながっています。所属はあまり関係なく、チームで行動するので、公安同士の縄張り争いはありません。しかも、デリケートな捜査の際は身分を証明するものを所持してはいけないことになっているので、よけいに所属意識は薄れています。

ただ、区別するために、たとえば警視庁の公安捜査員はある数字のナンバーで呼ばれます。自分の所属以外の地で捜査をした場合、事案によっては身分証明書を持っていないため、所属以外の所轄に捕捉されてしまうことがあります。そのときにその秘匿《ひとく》ナンバーを告げると、コンピュータの画面上に顔写真入りで出てきますから、それでやっと放免、ということがよくあります。面倒ですが、外国のスパイ組織などに拉致されたときのことを考えれば、やむをえないでしょう。

一九六九年に起こった大菩薩峠《だいぼさつとうげ》事件では、過激派集団「赤軍派《せきぐんは》」の軍事訓練現場を取り押さえるため、全国から公安捜査員が結集しました。そういうときに、現場の周囲を囲むように隊列を組んで立っていると、警察官といっても顔も名前も知らない人たちばかりですから、隣に立っているのが扮装した赤軍派じゃないだろうか、などと隊員同士が疑心暗鬼になります。公安は警察手帳を持っていませんから、自分の身分を証明する手だてがありません。

そういうときには、ちょっとでも不審に感じた人物がいたら脇に連れていって、「おたく、何番?」と聞きます。それ以上のことはなにも言いません。周囲に見ている人がいないことを確認してから、お互いに手のひらに指で数字を書き、確認したあと、「OK」と言って何気なく握手をしてから隊列に戻ります。

警視庁所属の公安捜査員だけでも出身は全国各地におよびます。まして地方から今回の任務のためだけに上京してきた人では、いくらその地の方言でしゃべっているからといって、それだけでは素性はわかりません。どうかすると、東北とか北海道から派遣されてきた人の中には、ロシア人のような顔だちをした人もいます。ふだんはなんでもないことでも、事件の現場ではみなナーバスになっているので、そういうことがとても気になります。

そうした場合、秘匿の番号は味方を識別するためにも役立っているわけです。

第4章　スパイの危ない話

ハニートラップに引っかかった外務省エリート

公安外事の捜査員だったころ、ある外務官僚がソ連のハニートラップに引っかかっているとの情報が入りました。

彼は一流大学卒業後、外交官試験を通って外務官僚になりました。モスクワの日本大使館に三年間駐在した経歴の持ち主です。

大きな機密漏洩がないうちになんとか処理をしなければなりません。彼を内々で辞職させれば、仕掛けた側としても利用価値がなくなり、不祥事はなかったことにできます。しかし、辞職を迫るにはそれなりの口実が必要です。

そこで彼を辞職に追い込めそうな「不始末」を探しましたが、身辺調査の担当がいくら行動確認をやっても、なんの瑕疵《かし》も発見できません。借金、痴漢、買春、援交、おかしな性癖や収集癖、暴力、万引き、交通違反、動物虐待……なにも出てこない。まったく普通の人です。人物的には非の打ちどころがありません。

身長が一八〇センチ近くあり、面長の美男子です。統計学的にみて、こういうタイプの女性の好みは金髪・碧眼《へきがん》です。東ヨーロッパを舞台にしたイタリア映画を観に行き、高いプログラムを買っていました。この映画には可憐な金髪のロシア人女優が登場します。そのほかに日常観ている映画、借りているレンタル映像などの情報を総合すると、白人の金髪女性が好みだとわかってきます。

案の定、ハニートラップを仕掛けてきたのは、金髪・碧眼の女性でした。なぜそうなるか。東側の情報当局も日本の外務官僚の情報を集めていて、われわれの調査と同じ結果を得ていたはずです。おそらく、彼らもこの官僚の特徴をつかみ、それに合わせて金髪・碧眼の女性を情報収集役に起用、色仕掛けで彼に接触させてきたと思われます。

こちらの調査の結果、二人が関係をもったのは白人女性のアパートの一室だとわかりました。彼らがよくやる手法は、同時に借り上げた隣室を改造し、両室のあいだに仕込んだハーフミラー越しに情事の現場を撮影するというものです。その現場も含め、女性との関係をことごとく写真や映像に撮られていたものと思われます。

そのときはベッドではなにも情報を漏らしていなかったにしても、そのネタで脅されたら、今後何をしゃべらされるかわかりません。とにかく一刻も早く公務員としての彼のクビを切ってしまう必要がありました。公安事案の処理としては、相手国のワナにはまった事実を闇から闇に葬《ほうむ》り去らなければなりません。

「あとはおまえがやれ」ということで、そこから先を私が任されましたが、ハニートラップに引っかかったのは間違いないけれど、過去の不始末をネタにクビを切るのはむずかしい。最初は、そんなこと自分にできるわけがない、と思いました。

とりあえず、尾行をしながら行動の特徴を探ると、酒が好きで、官庁の宴会には必ずといっていいほど出席していることがわかりました。外務省関係はもちろん、同窓会、同期会などにもみな顔を出します。とくに女好きという特徴はありません。

赤坂に公務員がよく使う料亭があります。というか、もともと民間の料亭だったところを政府が買い取って、公務員用の集会所に仕立てなおしたものです。公務員が外で飲んで不始末を起こさないための予防策のつもりなのでしょうが、バブリーな景気のころですから、やりたい放題です。各省庁から予約が殺到していて、そこの二階では連日、公務員同士の宴会騒ぎが繰りひろげられ、捜査対象の外務官僚も頻繁に出入りしていました。

それがわかったところで、こそこそかぎまわるのをやめて、「べったり作戦」をとることにしました。

こちらも公務員ですから、その料亭に出入りすることは可能です。外務省の知人に頼んで、彼がきている日にこちらもそこで飲み会をし、その席に彼を呼んで紹介してもらうことにしました。最初の会見で握手したときの握り方がほどよい強さで、外交官としては適任の印象を受けました。

それからは、彼がくる日を見計らってこちらも行き、いかにも偶然会ったかのように「やあ」などとやっているうち、私も彼の席に招かれるようになりました。仲良くなれば、自然と向こうも私に関心を抱くようになります。最初は「警視庁の人」としか紹介されていなかったけれど、ほかの人から聞いたり、私自身も隠そうとしなかったので、しだいに公安外事の人間であることがわかってきます。

しかも、自分が飲みにいく先々で、必ずひょっこり顔を出すとなれば、おかしいと思わないほうが不自然です。

「刑事コロンボ」というアメリカの人気TVドラマがありました。コロンボがいつも「やあ、どうも、ウチのかみさんがね……」などと言いながら容疑者の前に突然、姿をあらわします。相手は最初のうちは平気でも、それを何度も何度も繰り返されるうちに、いい加減うんざりしてきます。そのようにして容疑者がじれるのを待って最後の仕掛けに取りかかるというのが、刑事コロンボのほぼ決まったパターンでした。

ある晩、部屋の外から動静をうかがっていて、彼が宴会の席からトイレに立ったタイミングに合わせて、こちらもトイレに向かい、「やあ、どうも」とやったところ、さすがに彼も心穏やかとはいかなくなったようです。

「私、なにか悪いことをしましたかね」

初めていらだちを表面化させました。

「いえいえ、そんなことはない、あなたは完璧ですよ。さすが一流のキャリア公務員です」

ほんとうにそう思っていたし、ますます彼の経歴に傷をつけないで処理したいという思いを強くしました。

いずれにせよ、これで私が彼の行動を調査していたという事実は、彼にも伝わりました。それからしばらくして、その料亭でまた「偶然」出会ったとき、彼のほうからこんなことを切り出してきました。

「ぼちぼち私も公務員生活に見切りをつけて、郷里《きょうり》へ帰ろうと思っています」

自分もハラを決めたから、行く先々で出没するのはもうやめてくれないか、というメッセージと受け取りました。

公安外事につけまわされているとなれば、自分の身を振り返ってあれこれ考えるでしょう。破廉恥な行いは何もしていませんから、自分が付き合った東欧人女性の件でやられているらしいと気づいたと思います。じつはそれまでの「偶然」の出会い中で、そのようなこともほのめかしておきましたから。

「おやおや、それは大変ですね。議員にでも出るおつもりで？」

「そんな大それたことは……」

それからほどなくして彼のほうから自主的に退職してくれたので、大きな被害もないまま、ことなきをえました。私が体験した事案の中では、もっともうまくいった例の一つです。

外国から新しい外交官が赴任してくると、日本の警察は必ずその人物を調べます。とくに東側関係はワシントンから日本の情報捜査員に情報がきますし、行動確認も徹底的に行います。よくA情報、B情報と言っていました。A情報はCIA筋から、B情報はKGBから出たストリームの情報です。外事関係の公務員が会話するときは、「Aですか、Bですか」などといった表現をします。

ただ、「あいつはBですよ」と言うと、警察の中ではややこしくなります。組織犯罪取締部では暴力団関係を「マルB」あるいは「B」と言うので、符丁がバッティングします。そこで公安では、前述のように数字を使って会話をします。

公安外事捜査員の一年目ぐらいのときに、インドの日本大使館に赴任してほしいという話がありました。英語の能力を買われての出向依頼でしょう。それにさいして、上司から面接による身辺調査を受けることになりました。

「君は独身らしいね。どんな遊び方をしてるんだ?」

問題のない女性と付き合っていることを強調しましたが、金髪女性と銀座で何度か食事していたことが情報で寄せられていました。

「じゃあ、インドの話はなしですかね」

「いや、まあ、果報は寝て待てというから、おネエちゃんたちをとっかえひっかえして寝て待ってろよ」

一週間後に電話がきて、「向こうの大使館から、だめだと言ってきた」といいます。

「なぜぼくではだめですか」

「独身だからだとさ。理由はそれだけ」

インドのニューデリーは世界の情報拠点の一つに数えられていて、それだけに大使館員には誘惑だらけ、国家の機密情報にとってはとても危険な場所であるから、独身者はだめというわけです。

「だったら最初からそれを言えっつーんだ」

ハニートラップ体験

私自身、現役のとき東ヨーロッパ系のハニートラップを仕掛けられたことがあります。スラブ語をしゃべっていましたが、ややなまりがあったので、たぶんＣ国かＵ国の女性だったと思います。

それと気づいたので、適切な距離で接し、周知の事実から先の情報は絶対に漏らしませんでした。

最初に周知の事実でも耳元でささやいてやると、二度目があります。でも、相手もプロですから、二度までです。

警察を辞めたあと、その彼女とパーティで出会ったとき、こんなことを言われました。

「あなたって、ゆるそうに装って、なにも話してくれない男だったわよね」

私はあちこちの大使館と交流があり、遊び友だちもたくさんいます。警察官になる前、留学していたとき以来の仲間もいます。アメリカ大使館の知り合いが、出世して政府の要職についているケースもあります。

そういう人たちのパーティに行くと、必ず東欧系が入り込んでいます。あるとき、金髪女性が向こうから近づいてきました。ばっちり私好みですが、そこではしばらく無駄話をしただけでした。

後日、六本木で食事をしようと一人で歩いているところを、いきなり英語で呼びとめられました。

「あら、しばらく」

パーティで会った例の金髪美人です。この段階で、「あっ、引っかけてきたな」とわかりました。

私の女性の好みまで調べていて、二四時間行動確認をした上で、繁華街の路上で女性をあてがってきたことは明らかでした。

ともに食事をしながら話しているうちに、最初はお互いに英語でしたが、そのうちにロシア語が混じるようになって素性がわかります。こちらも逆に情報が得られるチャンスですから、「またお会いましょう」と言われれば、「はい、喜んで」となります。

その後、映画の試写会に誘われ、そのあとで、

「うちで飲みませんか」

こういう場合、酔うわけにはいきません。

「ボクはほんのちょっとしか飲めないので」

「では、私の手料理で」

あとにどんな料理が待っているかはわかります。せっかくの機会ですから、彼女を店の外に待たせ、ドラッグストアで強肝薬を購入したりして……。

彼らが私好みの女性を使ってまでして接触してくるのは、私がアメリカからくる情報の翻訳をしていたし、向こうと英語で交渉する場合も私がその役をやっていたからです。彼らの調査では、「A情報に精通した人物」ということになっていたはずです。

現役のときばかりでなく、退職して大学院に通うようになってからも、警察から仕事を頼まれていました。英語での捜査、アメリカに電話をかけたりするのは、ほとんど私の役目でした。私なら安全で、再訓練しなくてもいいし、一日五〇〇〇円という安価で雇える便利さですから、

利用しない手はありません。

いまでも東欧系からの接触はあります。日本の情報機関、私と親密なアメリカの情報部員などに関する情報のほかに、自衛隊の特殊部門で講師をやっていたので、そういったあたりの情報が目当てでしょう。

私はよく防衛大学の教授とも食事をします。それも市谷《いちがや》にある防衛省経営のレストランで会っていますから、向こうとしては「役に立ちそうな人材」という位置づけだと思います。

公安外事捜査員を辞めて大学院に通っているときも接触があり、私がなにを勉強しているのかさかんに知りたがっている様子でした。

犯罪社会学だということは明かしますが、それから先の「おいしそうな」ところは出しそうで出さないようにしますから、相手はさらに深入りしてきます。そこで、私の「弱み」を突いてセックスで落とそう、ということになるわけです。

でも、私はご馳走になっても情報は出しませんから、相手もだんだんじれてくる。現職の警察官のときは、「仕事」で付き合った女性のことはなんでも上司に報告しますから、いくら「現場写真」をちらつかせても、脅しのネタにはなりません。実際にそういうことはなかったけれど、公務員を退職したあとならなおさらです。

世界でもっともハニートラップを使うのは中国で、起用される女性はもっぱら留学生です。中国からの女子留学生のうち、半数ぐらい、人数にして二〇〇〜三〇〇人はハニートラップ要員ではないかと目されています。

彼女たちは一年ほど日本に滞在し、居酒屋チェーンなどで適当にアルバイトをしながら、情報収集をしています。

少し前ですが、接触してきた中国人女性からいきなりこう言われました。

「あなたが公安の刑事あがりだということは知っていますよ」

「でも、いまはなんの仕事もしていないけどね」

「それは違う。日本安全保障・危機管理学会の顧問と研究講座の講師をやっているでしょう」

この学会は安倍総理が名誉会長を務めるシンクタンクで、私も顧問に名を連ねていますが、そんなことは誰にも隠していないし、私の名刺に全部書いてあります。彼女に名刺を渡すと、

「あら、ほんとに書いてある。これ、もらっていい？」

「ああ、いいよ。それでレポートでも書くのかい」

「うん」とうなずき、喜んで持ち帰りました。彼女たちはそれだけで一本の報告書が書けて、それも一つの手柄になります。

それから私に対する懐柔《かいじゅう》がはじまるわけですが、要は日本安全保障・危機管理学会が提出した草案をほしいということです。次に会ったときは、

「いろんなことを教えてくれたら、お付き合いしてもいいと思っているの。日本にいられるのも限られているから、メールで通信しましょう」

こちらがレコーダーで録音しているとでも思ったのでしょうか、露骨な言葉で誘うことはしません。「お付き合い」がメールの交換であるかのようにカモフラージュしていますが、こちらにはセックスで誘いをかけてきていることはお見通しです。でも、それには取り合いません。

「じゃあ、もうじき会えなくなるんだね。ちょっと写メ撮らせてくれる？」

はっきりと拒絶されました。でも、横を向いたスキにこっそり撮影してしまいました。いまも記念としてその写真を持っていますが、もし彼女が大物のスパイだったとしたら、これは重大な失態となります。

日本の情報部に身元がバレて、工作員のデータを持っていかれたも同然ですから、ヘタをすると消されてしまう可能性もあります。ときどき中国人とおぼしき女性の変死体が水辺で発見されることもあります。

でも、私は現役ではないし、写真を公開するつもりもないから、彼女は大丈夫でしょう。

こうした女性の親や親戚は本国で政府や党から仕事をもらっています。彼女が命令どおり働かないと、彼らが失職したり、僻地《へきち》の農村に追いやられたりします。だから、情報をとるためには、わが身を挺してでも頑張ります。留学生の期間中になにがなんでも実績をつくってからでないと、おちおち帰るわけにもいかないからです。

中国マフィアも、密航する者に対し、本国で人質をとっています。しかも、日本円にして三〇〇万円ほどの保証金をとっていますから、それを返せなかったら人質がなにをされるかわかりません。売春してでもカネを返すほかないわけですが、政府や党がやっていることも、マフィアがやっていることも、システムはそっくりです。

これは男性ですが、留学生にもしたたか者がいます。留学生といってもけっこうな年齢で、例によって本国に妻子を残してきています。頭はいいから才覚をはたらかせて日本で稼ぎまくり、そのお金で共産党関係者を抱き込んで、まんまと本国から妻子を呼び寄せ、日本で平和に暮らしています。日本には、お金さえ出せばいくらでも助けてくれる同胞がいて、仕事も世話してくれます。

情報収集目的で中国からくる場合、日本の新設大学は海外からの学生をどんどん受け入れていますから、留学生として学校に行くのがもっとも簡単です。入学金や授業料を北京政府が出していて、すごくお金がかかっています。とくに理科系は高くつきますが、先端技術の情報はそれだけ価値がありますから、そういうところは惜しみません。

留学生のほかに、政治家の下働きに入り込む例も少なくありません。

中国のハニートラップ

日本人は中国本土でもハニートラップの餌食《えじき》にされているのが自衛隊員です。とくに狙われているのが自衛隊員です。

自衛隊員も休暇をとって普通に旅行をします。中国へもよく私的に遊びにいきます。上海のカラオケ店では、現地の若い女性を同伴した自衛隊員の姿が頻繁に目撃されています。

といっても、彼らが旅行するときはもちろん私服ですから、服装から自衛隊員であることがわかるわけではありません。入国審査でパスポートを提示したときにコンピュータに引っかかり、その段階から尾行がはじまります。適当なところで、若い女性が近づいてきます。とくに単独旅行のときは確実にやられます。

ということは、日本を出た直後から、この自衛隊員の旅行情報が中国の情報機関側に知られているということです。

自衛隊員が私的に旅行をするときには、行き先、目的、期間などを部隊に届け出る決まりになっています。それが自衛隊職員を通じて漏れる場合も考えられます。家族や民間の友人に話したりすればそこからも漏れるし、旅行会社の派遣社員からも漏れる可能性はあります。なにも水商売関係だけではありません。居酒屋やコンビニの店員など、網はどこにでも張られています。

彼らはとくに自衛隊員の旅行情報を特定して調べているわけではなく、いろいろな情報収集をしている中に、たまたま隊員の私的な旅行の情報も混じっていて、誰が、いつ、どこに行くかなどがピックアップされ、コンピュータに打ち込まれるわけです。

それだけで中国本土の関係筋に伝わります。あとは、中国側の入国審査で待っていれば自然に引っかかってくるという寸法です。

好みの女性のタイプも知られています。そういう女性を近づけて、自衛隊員が好きなカラオケ店に誘い込み、食事をおごらせ、酒を飲ませ、そのままホテルに直行。朝起きたときには女性は帰ったあと、本人も寝物語に情報をとられたことには気づいていません。

とられたのは情報だけでなく、そうした現場をことごとく映像にも撮られています。この映像はインターネットを通じて日本にいる情報部員のもとに転送、本人が帰国したあとで、なにかのおりに有効活用されます。

このように二重三重にわなが仕掛けられているのです。

山形の女にほれたＣＩＡエージェント

私の友人、ＣＩＡの情報部員スティーブン・Ｓは、アイビーリーグの大学を卒業した秀才で、軍に入り、情報畑を歩んできました。沖縄の米軍基地に勤務するようになったのが、日本との関係のはじまりです。

沖縄で情報関係の腕を買われてＣＩＡにスカウトされ、情報部員としてアメリカ大使館に駐在するため、東京にやってきました。

沖縄にいたときは独身でしたが、いったん本国に帰り、東京に赴任したときには新妻をともなっていました。この奥さんが大の日本ファンで、自分から日本で暮らすことを望んでいたそうです。

そのころ私は公安外事の部員として、ワシントンＤＣのＦＢＩや他機関の本部にも出かけたことがあり、彼らと日本警察とのパイプ役を務めていました。そのため、アメリカ大使館にも顔を出す機会が多く、自然とSとは「カウンターパート」の関係になりました。

東京の青山《あおやま》にアメリカ大使館職員用の官舎がいくつかあります。そこがリビアのテロリストの標的にされているから警備を強化してほしいと警視庁に要請がありました。しかし、警視庁も手一杯でしたから、一日に一度パトロールをする程度で、あまり熱心には対応していませんでした。

そこでSから私に、警護をもっとしっかりやってもらえないだろうかとの相談がありました。リビアは独裁者カダフィの時代です。その官舎にはわけのわからない宗教団体を名乗る人間が寄付を求めて頻繁にやってきたりするとかで、そこに住んでいたS夫妻も危機感を募らせていました。

そこで私から所轄署に事情を話してお願いしてみたところ、パトロールの回数を四倍に増やしてくれました。交番のお巡りさんたちにも、パトロールで前を通ったときは必ず「ハロー」と気軽に声をかけてくれるよう頼みました。そうすれば、ちゃんとパトロールしていることが相手に伝わり、安心してもらえます。

そういうこともあって、Sとは仕事以外でも、酒をおごったりおごられたり、遊び友だちとして付き合うようになりました。

Sは日本人女性が好みで、白人の奥さんに隠れて浮気をし、私もその片棒を担がされたことがあります。

六本木にある五〇年代風のジャズ喫茶に通ううち、ボーカルの女性が好きになり、私に彼女の素性を調べてくれと言い出しました。彼は日本語がうまくないので、一人ではナンパもできません。

そこで情報網を駆使して、住所、本名、年齢から、山形県米沢《よねざわ》の出身で、付き合っている男性はいるかもしれないがまだ未婚とか、一応の全貌《ぜんぼう》を調べ上げて報告したところ、一緒に食事したいので誘ってもらえないかと重ねて頼まれました。

「アメリカ大使館員があなたの歌を聞いてとても感動し、一度、食事をご馳走《ちそう》したいと言っていますが、いかがでしょうか」

さっそく店まで行って頼み込んでみたところ、意外とあっさり承諾してくれました。レストランでは私も通訳として同席しましたが、それから先のことは私の出る幕ではありません。あとで聞いたところ、ホテルまで行ったけれど、相手がその日は泊まることはできないというので、ベッドで数時間をすごしたあと、夜半に別れたといいます。ただ、帰りがけに相手に二〇万円を渡したというので、呆れてしまいました。

「二〇万円なんて、やるもんじゃない」

「じゃあ、一〇万円ぐらいでよかった？」

「カネの問題じゃない！」

ＣＩＡの情報部員ですからお金は使い放題でしょうが、男女の機微《きび》がまるでわかっていません。

「恋愛だったら、お金なんかやるもんじゃない」

こうした場合、アジア人にはお金をやるものだと思い込んでいたようです。

案の定というか、再度お付き合いを頼んだときには、あっさりと断られてしまいました。しかも、ＣＩＡからもらったあぶく銭を元手にしたかどうかは知りませんが、彼女はそのあとすぐにバンドリーダーと同棲をはじめてしまいましたから、もうどうにもなりません。

私がほんとうに困ったのは、それからあとのことです。

ふられたＳの落ち込みは尋常《じんじょう》ではなく、彼女に似た女性でもいいからほしい、それがだめならアメリカに帰る、とまで言い出して、まるで駄々っ子です。

それでも友人の頼みとあらば無下に断るわけにもいきません。その歌手に似た女性はいないかとあちこち歩きまわりました。とはいえ、そういう人が簡単に見つかるわけはありません。するとと、山形県の出身者を探してほしいと、ずいぶん乱暴な要請です。山形県出身者がみんな同じような顔をしているわけはないのに、なぜかそういう感覚なのです。

「東京には山形出身の女性はそんなに多くないんだよ」

「じゃあ、山形に行こう。米沢というところに一緒に行ってくれ」

わけがわかりませんが、相変わらず聞き入れてもらえないならアメリカに帰るというので、しかたなく行きました。そうしたら、情報部員の性癖でしょうか、駅の玄関口の脇に張り込んで、通行人をじっと監視しはじめました。

「ああいう人、いないなあ」

当たり前です。結局、だれも見出せないまま、温泉につかって東京に戻ったあとのことです。彼は一人で東京の盛り場という盛り場を遊びまわったあげく、やっとそっくりな人を見つけたといいます。それは風俗店で働く女性でした。

ところが、ホテルでお金を渡さなかったら、怒って帰ってしまったといって、またしょげかえっています。相手は風俗嬢なのだから、お金を要求するのは当然です。

「そういうときはお金をやるものなんだよ！」

「だって、お金をやったらいけないと言ったじゃないか。もう日本の女性がわからなくなっちやった」

愛妻がいながら、なにをやっているのでしょうか。ま、わからなくはないのですが、苦笑してしまいました。

ＣＩＡのオフィス

ＣＩＡのオフィスはアメリカ大使館の政治部の階にあります。本国から指示がくれば忙しくなりますが、それ以外のときは、さまざまな情報分析をしています。

警察を辞めてからですが、日本の左翼活動の党派についてのレクチャーを依頼されたことがあって、たとえば学生運動の五流二二派の解説などを毎週のように英語でレクチャーしていたことがありました。

彼らもそうとう勉強をしていて、たとえば歌手の加藤Ｔ子の夫のＦ本という人物のことを聞かれたことがありました。プロジェクターに顔写真が出たり、「○○社大学」とか「関西弁」とか、彼の特徴が出てきます。

出獄後、Ｄ会をつくったが、仲間とケンカしてそこを出て、千葉県で有機農業をやって……といったことを説明したことを覚えています。

ＣＩＡは惜しみなくお金を使うくせに、講師としての私のギャラはゼロ。地下に立派な食堂があって、そこで食事をご馳走になり、アップルパイの上にアイスクリームを乗せたデザート、最後にアイスコーヒー、それがレクチャー初日の報酬でした。

一般の人はアメリカ大使館の奥まではなかなか入れませんが、私の場合は向こうからのお誘いですから、門衛《もんえい》のところで名前を告げればすっと通してもらえます。

何度目かのレクチャーのときです。スティーブン・Ｓの案内でさらに奥の部屋まで行くと、そこにスラリと背の高い上品で格好のいい老人がニコニコ顔で立っていました。予期しない出来事に、思わず背筋に衝撃が走りました。

マンスフィールド大使その人だったからです。

もっとびっくりしたことに、大使自らコーヒーを入れて、初対面の私にふるまってくれたのです。当時、八〇歳を超えていたはずです。全米はもちろん、世界的にも名の知れた政治家で、駐日大使としては異例の大物でした。

彼の名前を冠した法律「マイク・マンスフィールド・フェローシップ法」によって、アメリカ連邦政府の職員を日本の中央省庁で研修させるという制度をつくるほどの親日家、知日派でした。

そんな世界的に上質で有名な人にコーヒーを入れてもらったのですから、白人なんかメじゃないといつも言っていた私も、実は相当うれしかったのでした。

世界最強のスパイ国

現在、世界最強のスパイ国といえば、アメリカです。そのあと、イギリス、ロシア、イスラエル、ドイツ、フランスと並びます。

中国の場合、スパイ一人ひとりの技術力はたいしたことがなくても、組織活動の面で、根っこのように住まわせ、草のようにはびこらせるという手法にすぐれています。それこそ地域住民の全部がスパイというか、本人も知らないうちにスパイの役割を担わされているというか、そのあたりはすごいものがあります。

中国人には、世界のどこにでも抵抗なく住み着いてしまうという特徴があります。だから、どこの国の情報でも、すべて集積することができます。いまはインターネットの時代だから、地球の果てから果てまで情報を飛ばすことができます。これは中国の強みです。

アフリカへの進出では、日本人などとうてい太刀打《たちう》ちできません。日本人がだめなのは、すぐ帰りたがる、どこへ行っても日本食を追いかける、だからすぐバレてしまいます。

戦前の話ですが、日本人の根性について、おもしろい話を聞いたことがあります。

私が国際犯罪学を教えている大学院に、ネパールからきている留学生がいます。

彼によれば、祖父や父親から「日本人はすごい」と聞かされ続けてきたので、日本の大学に入り、大学院まで進んだのだといいます。彼の祖父や父親が日本人がすごいと言っているのは、戦時中の経験からのようです。

太平洋戦争時、ネパールの山岳民族からなるグルカ兵は勇猛果敢な戦闘員として知られていました。彼らはインドを植民地としていたイギリスの先兵として、インパール作戦によって侵攻してきた日本軍に立ち向かわされました。留学生の祖父らもその戦闘員として参加していたけれど、日本軍があまりにも強すぎて、局地戦では一度も勝ったことがなかったと言っていたそうです。

日本軍は、たとえ自分が深手を負っていようと、腹が減っていようと、病にかかっていようと、がむしゃらに戦ってくるので、グルカ兵のほうが音をあげて逃げてしまう。イギリス軍が大砲を打ちこんで助けてくれますが、グルカ兵だけで戦ったときはまったく歯が立たなかった。だから、「日本人は根性、世界一」だと。

そういう話を祖父や父親から何度も聞かされてきたというのです。

インパール作戦が非常に無謀で過酷なものだったという話は、私たちも聞いていています。いまの日本人なら、すぐに逃げ出してしまうでしょう。ところが当時の日本軍はまったく逃げない、めげない。日本軍の拠点を兵糧《ひょうろう》攻めにして水や食料を絶っても、そこから絶対に退却しようとしない。

いまどきのヤクザどうしの戦争でもここまでの精神性の強さは見ることはありません。真っ当、つまりカタギの心の強さはじつはすごいのです。

ネパールではそういうことを親から子に繰り返し語り継いできたので、子どもたちは日本に憧れ、どんどん留学してくるのだというのですが、いまの日本人の根性からすると、まるで別世界のごとき話です。

イギリスのスパイ

イギリスのスパイは世界各国にいて、もちろん日本にもいっぱいいきています。

同国の秘密情報部（ＳＩＳ）は俗にＭＩ６（エムアイシックス）と言われていますが、００７の人気シリーズ映画でもわかるように、イギリスこそ情報活動の本場です。

英国大使館の外局で、日本各地で英語教室や留学斡旋を展開しているブリティッシュ・カウンシルの職員のかなりのパーセンテージが、ＭＩ６の局員と目されています。それも貴族の子息など、かなり地位や身分の高い人が多いのは、情報活動の伝統の深さと誇りを感じさせられます。

　彼らが話している英語は、コックニーという庶民英語とはかなり違っていて、格調高い正統派のブリティッシュ英語です。

　私は父親からイギリス留学を勧められたとき、相談先としてブリティッシュ・カウンシルに行くように言われました。そこに行けばイギリス文化のすべてがわかり、いろいろと紹介してもらえるということでしたが、最初に会ったイギリス人から逆にこちらがいろいろなことを聞かれ、身上調査の厳しさになにか違和感があったことを覚えています。

　無事に審査を通って留学することになりましたが、旅行会社を通じたイギリスに渡るためのさまざまな手筈などは、すべて父親が整えてくれました。私はただ、そのスケジュールに乗っかっていただけにすぎません。ドイツ語、ロシア語、英語をしゃべる父親の地球規模の視野の中のプランでした。

　向こうではロンドンにある日本の大使館で、しょっちゅう留学生だけを招いた食事会が催されていました。最初はきちんとしたスーツ姿で出席しましたが、日本人ばかりですからそれほど緊張することもなく、二度目からはジーンズにジャンパーというラフな服装で行くようになりました。

　ただ驚いたのは、そこにきている留学生が日本でもエリート層の子女ばかりだったことです。たとえば英国ソニーの社長の子息と仲良くなったりしましたが、そういうところの子女はアメリカのアイビーリーグあたりに留学するものとばかり思っていたのでとても意外でしたし、日本のエリートの層の厚さを知らされることになりました。

私はエリートでもなんでもなくて、たまたま父親に放り込まれてしまっただけですが、そこで知り合った超エリートの子どもたちとのネットワークはいまでもあります。

やがて留学期間が終わり近くになったころです。

「ＳＩＳのエージェントをやらないか」

秘密情報部からスカウトがきたときには、なんとなくわかったような気がしました。大使館の食事会で、海外での情報部員獲得のため網を張っていたのではないか。そう考えると、最初のカウンシルでの「面接」からなにから納得がいきます。

「いや、ぼくはまだ遊びたいから……」

私は留学期間を終えたあと、見聞を広めるため世界中を旅してまわりたいと考えていましたから、エージェントの誘いを丁重にお断りしました。

その後、自分が公安外事で仕事をするようになるとは、夢にも思いませんでしたが。

中国＆ロシア入国禁止

公安外事捜査員の前歴があるため、私はロシアと中国には入国できません。

向こうの空港までは行けても、パスポートを出した瞬間、コンピュータが反応します。入管で捕らわれて「強制労働三〇年」などといったことになるのはいやですから、ウラジオストックにも行けません。

ただ、いろいろ調べてもらったところ、旧ソ連でも、いま問題を抱えたウクライナなら大丈夫らしいことでした。

外事捜査員として対ソ連の情報調査、とくにスパイハンターをやって、彼らの工作を何度も潰してきたので、それでずっとチェックされているのだと思います。国を守ったのですからまったく後悔はありません。

ロシアの情報機関の元締《もとじめ》はプーチンですから、そろそろ手打ちをしてもらいたいと思い、彼のメールアドレスを入手しました。当たり前ですが、彼のアドレスはみなロシア語です。

「当時は仕事でやらされていたので、お互い同種の人間ではありませんか。別にあなたに対して他意はありません。ですから、ロシア領内への遊興《ゆうきょう》渡航《とこう》を許可してください」

ロシア語で文章も考えてあるのですが、まだ送信はしていません。そのうちやろうと考えています。脈はあると思います（笑）。

一方、中国筋からは、「絶対にだめ」と言われています。それは、天安門《てんあんもん》事件がいまだに尾を引いているからです。

天安門事件のとき、首謀者たちはアメリカに逃げましたが、そのとき一部は日本にも逃げてきています。

アメリカに逃亡した人たちはニューヨークで政治団体をつくり、ＣＩＡから資金援助を受けるなどして、アメリカで活動しています。そこで、日本に逃げてきた人たちもなにかしようということで組織をつくり、日本の政府に援助を求めてきました。

アメリカでも認められているから日本でもＯＫだろうと考えたのでしょうが、例によって日本は弱腰外交ですから、紛争の火種になることはできるだけ抱え込みたくはありません。

そのときに保護を約束したのは公安警察だけでしたが、約束はしたものの、どうやって守ったらいいか警察にもわかりません。当時、警察を辞めて大学院で学んでいた私にお呼びがかかりました。

「なんとかしてくれないか」

「おれには権限がないんだから、なんともできないよ」

「権限がほしいんなら、いくらでもやるからさ」

権限といっても、公安の場合はけっして表には出ません。失敗しても成功しても公表はしない捜査ですから、権限などあってもなくても同じです。ないも同然なので、平気でそんなことが言えるわけです。

私も引き受けた以上、なんとかしなければなりません。とりあえずは代表者と会いました。「ヨウと申します。中国の発音でヤンといいます」

それ以後、代表者に何度か会いましたが、「ヨウです」と名乗りはするものの、毎回違う人物です。

「どうなってんの？」と聞いても、「いえ、私はヨウです」と言うから、まあ、どうでもいいや、と思って話を合わせていました。そして、五人目の「ヨウ」から、手はじめに映画の自主上映会をやりたいので手配の手伝いをお願いしたいとの申し出を受けました。

その映画は天安門事件以前に中国で製作された反政府的な作品で、監督は逮捕・投獄《とうごく》されているといいます。そんな作品ならフィルムを押収されているはずですが、コピーが残っていて、それが香港に流れ、密輸ルートで日本に入ってきたとのことでした。

映画を見せてもらいましたが、天安門事件のあとだって作れますし、その程度なら中国以外でも作れます。「ヨウ」が五人もいるくらいだから、その作品がほんものかどうかも疑わしいわけですが、否定する証拠も見当たりません。助けてやると約束した以上、上映会を支援するしかありません。

その話を公安に持ち帰ったところ、予想外に大乗り気です。

「それはいい。そいつを利用しよう」

日本にいる「天安門被害者」と、上映会にきた人をみな「反北京勢力」としてリストに登録すれば、地道な捜査で入手するには二年以上かかる情報が、一度にどっと得られるというわけです。保護する見返りに、利用できるものは利用させていただくというのは、情報機関としては当たり前のギヴ＆テイクです。

一応、そういう触れ込みの映画ですから、北京筋からの妨害工作もありえます。興行的にも、民間の映画館で上映するようなしろものではありません。警察の情報網を利用して、公共の公民館のようなところで上映設備があるところをリストアップ、一件ずつ当たってやっと引き受けてくれるところを見つけ、上映の運びとなりました。

反北京政府の世界ではちょっとした話題にもなったので、当日はけっこうな数の人が見にきていました。五人もいてどれがほんものの「ヨウ」かわかりませんが、少なくも代表者に危害を加えられるようなことだけは公安のメンツにかけても阻止しなければなりません。当日は周囲を公安の私服が固め、以前からリストに載っている要注意人物を中心に見張ります。

その一方で、私たちがかなりの人数でかの国の拠点を見張りました。上映妨害の工作員がそこから出てきたら、会場に行かせないように、こちらが先に妨害するという作戦です。

見覚えがある工作員が拠点施設からちらほらと出てきます。そのあとをつけていって、地下鉄のホームから電車に乗ろうとするところを、いろいろな手を使って乗せないようにする。最終的には、背後から首を締めてホームの隅まで引きずっていき、脇腹に指先を突き立てて、耳元でささやきます。

「動いたら殺すぞ」

そうやって現地への到着を遅らせているうちに、上映が開始されてしまえばこっちのものです。上映時間もせいぜい一時間半程度ですから、私たちの妨害を振りきって駆けつけたとしても、映画は終わったあとかもしれません。

そういう荒っぽい手を使って反北京勢力に加担したものだから、向こうもそうとう頭にきていて、その後はことあるごとに「中国にきたら、ただではすまさないからな」と脅されてきました。

それでいまだに香港にも行けないありさまです。香港には学生時代にさんざん行きましたから、もういいや、ではありますが。

肝心の上映会はつつがなく終了。おかげで何十人というシンパのリストもできましたし、中華料理屋のおやじさんなどがかなりのお金を出して彼らをバックアップしていたという事実もわかりました。ほんとうに後味の良い外事捜査事案でした。

スパイの残酷なやり口

スパイによる情報獲得法はハニートラップ、つまり色仕掛けばかりではありません。金仕掛けも主要な手口の一つです。

ただ、日本人に対してお金で仕掛けようとすると、相当な額が必要になります。相場とかギャンブルとかヤミ金とか、よほどお金に困っている場合にしか通用しません。そこで手っ取り早く、本能を刺激するハニートラップ法を使うわけですが、逆にこちらから中国人に仕掛ける場合は、ちょっとした鼻薬程度でも絶大な効果を発揮します。

とくに留学生などは日本で貧しい生活をしています。若い女性がブラック企業の居酒屋チェーンでせっせとアルバイトをしながらスパイ活動をしているというのも、なにか物悲しい感じがします。

いま彼らが私に近づいてくるのは、日本安全保障・危機管理学会や自衛隊の訓練学校でしばしば講師を務めてきたからです。

そこで教えていることといっても、スパイの見分け方とか、襲われたときの撃退法とか、たいしたことではありません。ときどき外に出て、路上でフィールドワークをすることがあります。すると、道路の向こう側に停車した車の中からこちらをじっとうかがっている者がいます。場所を変えると、また同じ車が向かい側に止まっています。そこで生徒たちに、

「ほら、あれが中国か北のスパイだから、よく見ておくように」

生きた教材にさせてもらっていました。

イギリスの情報部員も接触してきます。

「なぜイギリス人が？」と思いましたが、イギリスの情報部にダブルスパイがいて、国家の機密情報がソ連のＫＧＢに筒抜けだったことがありました。四人ほどがつかまりそうになってソ連に亡命、モスクワ市内に外国人専用の高級アパートと別荘をもらって優雅に暮らしていました。

そのようにダブルスパイに悩まされた時期があったことから、イギリス留学の経験がある公安捜査官、しかも東欧を担当していたことから、警戒というほどではないにしても、一応マークはされ、定期的に動静をチェックされていたのかもしれません。

余談ですが、イギリスに留学していたころ、モスクワに旅行したとき、「外国人専用のアパート」と聞いていたので、カメラを出して写真を撮ろうとしたら、いきなり背後から頭をひっぱたかれました。

「撮影禁止！」

それも女性、というか、おばさんの声です。

「いいじゃないですか。観光できただけなんだから」

「いくら学生だからって、そういうことやっちゃだめ。出国できなくなったらどうするの」

諭すような口調でしたが、見ず知らずなのに私が学生であることを知っている様子です。あとで考えると、そこはそういう人たちが住んでいた場所だったので、学生とはいえ、イギリスからやってきた私に神経を尖《とが》らせ、尾行していたのかもしれません。

それにしても、「帰れなくなる」という言葉には妙に真実味が感じられ、ゾッとしたことを覚えています。当時のモスクワはそういうところでした。

かつて、とくに朴正熙《パクチョンヒ》大統領の時代は、日本に韓国系の情報部員もたくさんいました。いまは韓国と日本の間にはたいした機密がありません。とくに軍事情報はソウルにある烏山《オサン》基地と情報共有しているので、わざわざ探る必要はありません。

韓国の情報部員がもっとも頻繁に暗躍していたのは、一九七〇年前後の金大中《きんだいちゅう》事件のころです。私が警察に入ったのは同事件のあとだったので実地には体験していませんが、外事二課の先輩捜査員から金大中事件の話はさんざん聞かされ、その後の公安事案ではずいぶんと参考になったものです。

昔と同様、いまの世界中のスパイも非合法なことを平気でやっています。盗撮、盗聴は当たり前、簡単に人は殺さなくなりましたが、あとはなんでもありの世界です。ただ公安事案はめったに公表されないので、一般の人には知られていないだけです。

日本側ではありませんが、交通事故死に見せかける手口は、裏切り者を処理する手段として一般的でした。車ではねとばしておいて、介抱して病院に連れていくふりをし、自分たちのアジトに連行、点滴の中に自白剤を入れてしゃべらせたりするというのもあります。現場で「病院に連れていきますよ」と大声で言うと、まわりの人も安心するから、一一九や一一〇に通報されることがありません。

東側もそういうことをやっていましたが、プーチンの時代になってからはなくなりました。

ただ、駅のホームから突き落とされるというのはあるようです。公安の訓練の初期、教官からよく言われたのが、地下鉄でもＪＲでも、ホームの端には立つな、ということでした。うしろからちょんとやられただけでおしまい、とても簡単です。仕掛けるほうとすれば、ほとんど力も手間もかかりません。しかも、人ごみの中ほど見つかりにくいときています。

「まわりに人がいっぱいいるから大丈夫と思うだろうが、それは違うぞ。中央線で飛び込み自殺として処理されたものの何パーセントかは、うしろから背中を突つかれた可能性が高い。だから、気をつけるように」

押されたことは、やられた本人には確実にわかります。でも、電車にはねられて死んでしまえばそれきりです。また、命拾いした人がいくら訴えても、ほかに確たる目撃者でもいないかぎり、誰からも信用してもらえません。

在日朝鮮人で朝鮮総連の役員までやった人が、拉致問題で嫌気がさして総連から脱退したところ、ほどなくして火の気がないところから出火して自宅が全焼してしまったということがありました。放火は誰がやったかはいまだに未解明ですが、報復、見せしめならばごく普通の手口です。

外務省で情報関係を担当している公務員の多くは、官舎か民間の賃貸マンションに住んでいます。マンションにまで火をつけられたことがあるそうですから、危なくてとても一軒家などもてません。

火をつけられても、被害者はあまりびっくりしません。そういうことも想定内の出来事、起こりうる最悪のことが起きただけという認識だからです。

私も講習のときにそういうことを聞かされていましたから、ずっとマンション住まいです。その公安講習を受けるようになってまもなく、西巣鴨《にしすがも》の私のマンションの隣の部屋に、朝鮮語を話す若い男が住むようになりました。ときどき若い女性もやってきていましたが、引っ越してきたタイミングも気になったし、なんとなく様子もおかしかったので、あまり話もしないように警戒していました。

講習に出かけるときも、中野学校へはまっすぐ行かず、二ヵ所ぐらい迂回《うかい》して、尾行がないことを確認しながら通っていました。

留守中に部屋に入られた形跡はないか、盗聴機は仕掛けられていないかといつも神経を尖らせていたので、精神的にとてもしんどい一時期でした。

放火はもっとも簡単な手口で、右翼でも左翼でも、なにかで突出した人はたいていやられています。しかも、彼らにとっては予想された出来事で、誰がやったかもだいたいはわかっています。あとあとまで報復合戦が継続してもいいことはありませんので、それほど気にしていません。

火災保険申請のため被害届は出しますが、警察もそのへんは了解しているので、あまり真剣に捜査をしない。消防庁は出火元を綿密に調べ、放火か失火かを調べますが、犯人探しや訴追は警察や検察の仕事ですから、それ以上は深入りしません。

強行犯担当の刑事をやっているとき、その種の放火の捜査に行かされたことがありました。消防署の人から事情を聞いて、報告書だけは書きます。それから先は、時間のプライオリティーをつけてやっていました。常日頃から敵が多い人の場合、犯人の目星はついていますが、放火のプロがやるので、追い込めるだけのネタは残っていない。ですから、せいぜい情報をプールしておく程度です。

特定な人への報復や見せしめなど明確な意図が認められる放火と、不特定多数の一般市民を恐怖におとしいれるような愉快犯的な放火とは、捜査するほうも一線を画しています。

私自身は自宅に火をつけられたことはありませんが、ドアとか窓を壊されたことがあります。マンションの一階に住んでいたときは、窓から押し入られて部屋の中の書類をすべて持ち去られました。

書類といっても漫画の原作のためのネタを整理して五〇音順にプールしていたものです。危険を冒して持ち帰った犯人も、あとで「なんだ、こりゃ」とびっくりしたことでしょう。

私の部屋にはもともと金品はないし、機密情報など置いておくはずもありません。

公安捜査員になったころから、世の中ではうつ病がはやってきましたが、これに関しても講習で注意を受けています。

「うつ病で自殺したのではないかなどと簡単に結論づけてはいけない。首つりも信用するな。自殺の数多くが偽装可能だから」

子どものための安全教育のような授業もありました。いい大人がと思われるかもしれませんが、たとえば、こんな調子です。

「歩道のない細い道路の真ん中は歩くな」

「駅のホームで誰かにつかまれたら、自動販売機でも柱でもなんでもいいから、そのへんにあるものにしがみつけ」

「誰かの手がかかったなと思ったら、その場にガバッと寝てしまえ」

外事一課系の担当でもっとも危険なのはソ連、あとキューバなどの友好国。外事二課系では中国、北朝鮮、ベトナムあたりが対象となっていました。当時はいずれも工作員によって車ではねられたり、ホームから突き落とされたりされかねない相手でした。

昔はその種のことを暴力団がやっていたこともあります。目的は、裁判での証人の抹殺。対立する相手を痛めつけるとか、報復で相手のタマをとるとか、そういう場合は自分の所属が相手に伝わらなければ意味がありません。わからないように消すという陰湿は方法は、かぎられた場合だけでした。

ところが、いまの外国系のマフィアはなんでもありですからヤバいです。

交通事故を偽装する手口は、いろいろあります。たとえば、自動車を一人で運転する者に対しては、ブレーキの工作など不要です。食事や飲み物に薬物を入れて食べさせれば、自分からコンクリート壁にぶつかってくれます。車に細工して制御不能にするより、運転する当人自身を制御不能にしてやるほうが簡単です。

転落事故などで、うつ病だったので自分から突っ込んだとか言われることがありますが、その手の事故の中には工作によるものもずいぶんあると考えられます。知りすぎた女が消されるというのは、情報関係の世界ではよくあることです。

事故の偽装は、保険金詐欺でも多用されます。自動車保険の調査員によれば、もっとも厄介なのが暴力団との闘いだそうです。

暴力団の交通事故で定番なのが、追突。二台で示し合わせて、前の車が急ブレーキをかけ、うしろの車がドスンとやる。急ブレーキをかけたほうがさっさと逃げてしまえば、どうしようもないそうです。また、闇社会には、それに使う車のナンバーを売る商売まであります。


裁判で証言を予定している暴力団幹部のガードを頼まれたことがあります。

金融関係の事案で、不正な金の流れを知り尽くしているため、証言されたら困る者がいます。そこで、出廷するまではどこかに姿を隠していなければなりません。

暴力団は警察にボディガードを依頼することはできません。そこで、私と同僚の二人の刑事がわざわざ有給休暇をとって、その脂ぎった中年ヤクザのボディガードをさせられることになりました。ところがその男、検察側の重要証人とあって、わがままのやりたい放題です。

潜伏先は普通のホテルでしたが、この男がサウナ好きで、そのたびにわれわれも交代で護衛につかなければなりません。一人は外で見張り、もう一人は中まで同行します。一応タオルが隠しているけれど、入れ墨がチラチラしています。その隣に入れ墨のない私が並んで座っているのは、なんとも滑稽《こっけい》な光景です。ほかの客はいづらくなって、そそくさと出ていってしまいます。

ルームは中が続き部屋になっていて、手前にわれわれが控えています。奥の部屋にキングサイズのダブルベッドがあって、そこに風俗の女を二人呼び、酒は飲み放題、女二人と組んずほぐれつの騒ぎ放題。キャーキャーいう声が一晩中聞こえてくる中で、「われわれはいったい、なにをしているのだろうか」と言い知れぬ無常観にじっと堪えていました。

任務は一晩だけで終わり、次を別の休暇中の刑事に引き継ぎましたが、ぐったりして帰宅しても、すぐには寝つけませんでした。

第5章　日本の防衛の危ない話

拉致問題をめぐる官房長官との食事会

横田《よこた》めぐみさんの拉致は、不運というか、まったくの不幸な偶然も手伝った出来事だったようで、ほんのちょっとした時間のズレだけで、家族ともども、こんなにも過酷な人生は背負わされずにすんだはずです。

「北朝鮮に拉致された日本人は、せいぜい四、五人程度」

マスコミ関係者や事情通と言われる人たちの誰もがそう言っていたころの話です。

「日本人で拉致された人は、七〇人から八〇人はいるという確かな筋からの情報がある」

私がアメリカ筋からの情報をもとにそう述べたところ、ある新聞記者から「気が狂っているのではないか」とまで言われたものでした。

「アメリカのまわし者に近い情報機関にいたあなたにそう言われてもな」

ハナから信用していません。

「それなら自分で確かめてみたらいいじゃないですか」

その記者に、私に情報を提供してくれたアメリカ大使館員を紹介してやりました。

「七、八〇人どころではない、われわれは一〇〇人以上はつかんでいる」

大使館員からそう告げられても、自分たちが信じていた数字との乖離《かいり》の大きさに、記者はあっけにとられた様子でした。

「そんな数字、とてもじゃないけど紙面には書けないよ。だって、証拠、どこにあるの？」

ところが、特定失踪者問題調査会が二〇一四年に公表した特定失踪者は二七一名、非公開が約二〇〇名、計約四七〇名が拉致された可能性が高いというものでした（日本政府が公式に認定しているのは一七名）。一説には、八〇〇人近くいるだろうとまで言われています。

横田めぐみさんもその中の一人だったわけですが、通っていた中学校からの帰宅途中に姿を消したのが一九七七年。当時、彼女は一三歳の中学生でした。一般家庭のローティーンの少女が拉致対象者として選ばれなければならない理由は、まず考えられません。

北朝鮮の拉致実行者たちは、潜入した日本での「収穫」がないまま空《から》の船で帰国したりすれば、罰せられて僻地送りにされます。彼らにしてみれば、通りがかりの人でもかまわない、誰でもいいから日本人を拉致していかなければならないという切羽詰まった心理状態に追い込まれていたものと思われます。

部活で帰りが遅くなった女子中学生が犠牲になってしまったのは、偶然の不幸、不運としか言いようがありませんが、本人と家族がその後に辿《たど》らされた過酷な人生を考えたとき、偶然とか不運といった簡単な言葉では片づけられない重みを感じさせられます。

ましてや、その被害者が数百人におよぶとなったら……。

二〇一四年の夏、めぐみさんのお父さんである横田滋《しげる》さんと同じテーブルで食事をする機会がありました。柔和《にゅうわ》でいつも半分笑ったような顔をしていますが、その表情のまま悲しい話をされるので、聞く方としてもよけいにやりきれなさが募ります。

目黒雅叙園《めぐろがじょえん》でのその食事会に同席していたのは、横田滋さんのほか、菅義偉《すがよしひで》官房長官、安倍《あべ》晋三《しんぞう》総理大臣に近い中西輝政《なかにしてるまさ》京都大学名誉教授、それから、どういう立場だったのかわかりませんが、ドクター中松《なかまつ》さんもそこにいました。

横田滋さんといろいろ言葉を交わしましたが、めぐみさんの生存に関して疑っている様子はありません。ご自身の年齢面を考えれば、やはり関心は、「すぐ戻ってきますかね」でした。

いつ戻るかはわかりませんが、現在の居場所については断言できます。

「居場所はわかっていますよ」

「どこにいるんですか？」

「平壌《ピョンヤン》市内の病院にいます」

実情は、入院というより、幽閉されているといったほうがいいかもしれませんが。

横田夫妻のみならず、拉致被害者の家族の「いつまで待たされるのか」と焦る気持ちは、とてもよく理解できます。

とくに横田めぐみさんは国の内外から拉致被害に関するシンボル的な存在と見られているため、日本政府としてもなんとか彼女を奪還したいと考えています。また、その見込みもあるということで頑張ってはいるのですが、なかなかメドが立たないのが実情です。

そこで、被害者家族の焦りをやわらげようと、官房長官自ら、とくに横田滋さんが信頼している中西輝政さんにも同席してもらって、接待につとめてきたということだと思います。

政府がいまつかんでいる情報を伝え、やる気があるところを見せておく気概はよくわかります。

当然、食事会には横田夫妻を招待していたと思いますが、その場にめぐみさんの母親である横田早紀江《さきえ》さんの姿はありませんでした。一般的に女性のほうが現実的ですが、拉致問題がいっこうに進捗《しんちょく》しないことへの怒りが限界に近いところにまできていることのあらわれのような気がしてなりません。

拉致問題と裏金

ところで、政府は拉致問題を進捗させるため裏金を出すと言っていますが、それは間違いなく相手側からそうした要請があったからで、真偽のほどはその場に居合わせなかったから、確認も不能ですが、小泉純一郎《こいずみじゅんいちろう》元首相が訪朝したときも、一説によれば、一人につき裏で一億から一億五〇〇〇万円ほどの現金を渡したとされています。

「ずいぶん安い額だね」

その話を聞いて思わず口走ってしまいましたが、北朝鮮は現金をほしがっていたころなので、その程度でもそれなりに効き目があったのでしょうし、その状況はいまのほうがもっと強くなっているかもしれません。

二〇一三年五月に飯島勲《いいじまいさお》内閣官房参与が電撃的に訪朝したとき、自ら大きなバッグを大事そうに下げていました。その手慣れた様子から察するに、中身は、政府高官に対するお土産品のポルノＤＶＤなんかではなく、ゲンナマだったに相違ないだろう、というのがジャーナリストや専門家のみるところです。ポルノなら北京経由でいくらでも手に入りますから。ほしいけれど、そう簡単に手に入らないのが、日本円なのです。


では、北朝鮮はなぜそんなにお金をほしがっているのか。

世界中から経済制裁を受けているので、通常のやり方では外貨を入手することはできません。ところが、手っ取り早く獲得する方法があります。ドル札を自分で印刷してしまえばいいわけです。

北朝鮮が組織的に製造している偽札はスーパーＸとかスーパーＺとか呼ばれていますが、とくにスーパーノートという偽一〇〇ドル札は専門家でも見分けがつかないほどの精巧さでした。

アメリカとしてはたまったもんじゃありませんから、当然、対抗措置をとります。新ドル札の発行など、偽ドル対策が強化されたことから、北朝鮮のスーパー経営（偽札製造）が苦しくなり、いまでは印刷機も停止したままです。

北朝鮮のもう一つの外貨獲得法は、覚醒剤の密造・販売。

主要な相手は日本の暴力団です。なにしろ高値で買ってくれますから、最高のお得意さんといったところです。

覚醒剤を売る場合、北の軍関係者が覚醒剤を搭載した密輸船を出し、沖合で日本の麻薬業者や仲介業者に手渡すという方法がとられてきました。「瀬取り《せどり》」といって、たとえば、防水加工した荷を海に投げ捨て、それを回収するといった方法です。

ところが、近年、アメリカの偵察衛星の精度が格段に向上し、いまでは乗組員の軍服姿まで特定できるほどになっています。そんなすごい防犯カメラにつねに上空から監視されていては、海上での闇取引もままなりません。

こうして北朝鮮の二大看板である偽ドルとシャブの両方がだめになってしまったことから、極度の金欠病におちいり、それで喉から手が出るほど現金がほしいわけです。

もちろん一億円やそこらでは国家財政にとっては焼け石に水の額ですが、幹部に対する手土産としてはそれなりに効用があります。

いろいろな意味で進歩的な発想をする人が日本政府にもいない、北朝鮮側にもいない。結局、手探りでいろんなことを試しながらやっている状態ですが、とりあえず、その場で現金をもらったら誰だってうれしくないはずがありません。中国経由で清算したりするのも面倒ですし、核関係ではおおっぴらに取引もできなくなってしまったから、片手で運べるカバン一個でも、彼らにしてみれば、とてもありがたいお土産品となるわけです。

北朝鮮の拉致の目的

多くの人が疑問に感じているのは、北朝鮮の拉致行為は、誰が何の目的ではじめたことなのか、という点ではないでしょうか。

金日成《キムイルソン》の時代、情報部の統括責任者が部下に対する訓練の一環として、「船で日本まで行って帰ってくる」という教程がありました。それがことのはじまりだったようです。

日本に向かうときは覚醒剤を積んでいく。それを下ろしてお金をもらってくるわけですが、そのとき、きちんと仕事をしたという証拠に、誰でもいいから日本人を連行してくるようにと命じられた。

金正日《キムジョンイル》の代になって、平壌市に江西《コウセイ》学院というスパイ養成学校がつくられました。これは、軍事、警察、情報にかかわる者がスパイ技術を学ぶための施設で、対日本のためだけにつくられた情報機関です。

拉致事案の後半には、この江西学院で訓練を受けていた者が多くかかわったとされます。そうした事実は、日本の公安外事警察もすべて把握しています。

拉致被害者に、いわゆる要人と呼ばれる人はいません。漁民、農民、通りすがりの人など、ようするに一般市民レベルの簡単に拉致できる人たちばかりです。

日本人を必要としたのは、情報部員に対する日本語教育係としての用途だったと言われています。屈強な男なら、労働力としての使い道もあります。いつ死ぬかもわからないような老人は含まれていません。

また、拉致しやすいだけなら、そこらへんの交番に立っているお巡りさんをぶん殴って連れていってもいいわけですが、それだと社会的に大きな騒ぎになります。

警察のＯＢで拉致された人は一人もいませんし、拉致被害者に一人でも要人とか重要人物が含まれていたら、もっと早い時期から大騒ぎになっていたでしょうし、日本の警察も黙ってはいなかったでしょう。北朝鮮とて日本の警察のガッツは苦手なのです。

だから、誰でもいいといっても、そのへんは一応の選択基準があったものと思われます。

被害が全国におよんでいることから、日本に関する情報をくまなく収集したいという意図があったとも考えられますが、いずれにせよ、最初は訓練の一環というバカげた話からはじまったことで、被害者が一般市民レベルの人ばかりだったため、それがどんどんたまって、数百人規模の人数になってしまったというのが真相でしょう。まったく非人道的な所業です。

金正日の死去

二〇一一年一二月、北朝鮮の金正日総書記が死去しました。

直接の死因は列車移動中に急性心筋梗塞《きゅうせいしんきんこうそく》を起こしたためと発表されましたが、もともと重篤な糖尿病を患っており、それが悪化、腎臓を悪くして、二〇〇八年にも倒れています。その後、急速に後継者選びを急ぐようになったことから、本人もみずからの死期の近いことを認識していたものと思われます。

日本の情報機関はそれ以前から、そうした病状に関する情報を把握しており、金正日総書記の死の時期についても正確に予測していました。それには、こんな事情があったからです。

北朝鮮と日本とを直接結ぶ唯一の公式輸送ルートだった万景峰《マンギョンボン》号の入港が、北朝鮮の核実験強行に対する制裁措置として禁止されたのは二〇〇六年です。

その少し前のこと、同国の軍人が密かに万景峰号に乗り込んで日本に向かったという情報が日本の情報当局にもたらされました。

北朝鮮に潜入させている西側のスパイがいて、本部経由で日本の情報機関にもさまざまな情報が配信されてきていたのですが、そのときも万景峰号のどの便に誰それが乗り込んだという知らせが、顔写真付きで日本の情報筋にも届いていました。

そこで、情報エージェントが万景峰号が入港する新潟港に張り込み、情報どおり写真の男が船を下りてくるのを確認。

「たった今、到着しました」

その動静は、東京にいるこちら側にも逐一もたらされます。

「では、どこに向かうか、あともよろしくお願いします」

なにやら大事そうに荷物を抱えて万景峰号を下りた男は、カモフラージュのためか、いくつかの交通機関を乗り継ぎ、最終的に神奈川県川崎の梶ヶ谷《かじがや》にあるT病院の分院に入りました。

日本にもいろいろな情報機関があり、公安警察も北朝鮮に関する多くのデータをもっていますが、このときに迅速《じんそく》に行動できたのは、自衛隊の情報機関が優秀な頭脳と人員で対応したからでした。

そして、そのときに男の来日目的の追尾を最後までやりきったのが、当時、調査隊と呼んでいた自衛隊の情報機関だったのです。

以前から受けていたさまざまな情報と突き合わせた結果、どうやら金正日総書記の病状と関係があるらしいと察しをつけます。糖尿病からくる腎臓障害については以前からわかっていたし、しかも、北朝鮮には重い腎臓病に対応できる医師もいなければ専門施設もないというのが実情です。

そこで、なんとしても正確な診断がついて、治療法が確立しているところを見つけ出せ、という至上命令が下ったのでしょうが、中国や韓国の医者でも対応できない。となると、あとは日本の先進医療にすがるしかありません。

軍人の中でもそれほど地位の高くなく、また顔を知られていない者が、病状に関するデータ一式を抱えて万景峰号に乗り込み、日本に向かう、しかも、最終的に訪ねたのは腎臓病専門の病院。

これですべてが符合したわけです。

多くの国民が飢えているときに自分たちばかり贅沢三昧《ぜいたくざんまい》の食生活をしていたツケでしょうが、入った先が腎臓専門の病院だったことから、どの程度の病状かもわかりました。そこから金正日総書記の寿命も推察できたし、その予測とほとんど違うことなく、それから数年後に死去したわけです。

この一件で、自衛隊の情報機関の秀逸さはアメリカの当局も認めるところとなりました。

自衛隊の情報機関の指揮官は、防衛大学出身の調査畑にいた隊員です。東京都小平市に訓練機関（陸上自衛隊小平学校）があり、私もよくいきますし、頼まれて講師をしたこともあります。当時は調査隊、いまは情報保全隊と名称が変わりましたが、隊員の優秀さは世界レベルです。

いまはOBになっていますが、そこの人事教育部長だった人が私の友人で、私が主宰する空手道場「修道館《しゅうどうかん》」のコーチでもありました。隊長だった人も空手仲間でしたが、いまだに豪胆な人物です。

国の安全保障と危機管理に関する知識・理論の普及と研究を深め、その方面における能力の向上、体制の整備を目的として二〇〇五年に設立された日本安全保障・危機管理学会（JSSC）という組織があります。

安倍晋三首相が名誉会長、会長が渡辺利夫《わたなべとしお》拓殖大学総長、企業関係のほかに、国会議員、自衛隊や警察のOBの多くも顧問として名を連ね、私もその一人として研究講座の講師を担当しています。そのような場でも関係者がよく顔を合わせ、情報交換をしています。

そういうところで話を聞けば、金正日総書記の健康状態など、たちどころに知ることができます。日本が知るということは、西側はすべて情報共有だから、世界中にバレバレになってしまうということです。

この件では、アメリカの当局も日本の情報機関の優秀さに舌を巻き、大助かりだったようです。なにしろ、アメリカは北朝鮮対策でそうとう頭を痛めていましたから。

ただし、後日談があって、最高指導者の余命が短いとなると、当然、西側世界の関心は、「次は誰か」に集中します。

ところが、これがまったく読めない。少なくともその時点で、三男の正恩《ジョンウン》が継ぐことになるだろうとは、誰も予測していませんでした。

私も長男の正男《ジョンナム》かと思っていました。正男の愛人が東京の韓国クラブにいて、女の子を産ませていることはメディアにも出ています。彼はその子に会うため、しょっちゅう日本にきていました。

また、中国の北京政府は、性格がおおらかで性質もいいと言われる正男をことのほか好んでいました。だから、中国国内でもわりと好きなようにさせていたようです。北京に豪邸をもっていて、遊び好きで、とくにディズニーランドに執着が強い男です。

日本版ＮＳＣ

二〇一三年一一月、国家安全保障会議の関連法が国会を通過しました。

この組織は日本の外交や安全保障に関連した政策の策定、国家戦略の司令塔として首相官邸に設置され、アメリカの国家安全保障会議（ＮＳＣ）をモデルにしているところから、「日本版ＮＳＣ」とも呼ばれます。この設立には、とりわけ安倍首相の強い意思がはたらいています。

従来の官庁の縦割り行政の弊害を排し、官邸主導による外交や安全保障に関する情報の迅速な収集・処理、政策決定を目指していますが、その構想は同年六月に閣議決定した段階ででき上がっていました。

当時、メディアの表に出た情報ですが、その中核となるのは、首相、官房長官、外務大臣、防衛大臣からなる四大臣会の下に置かれた国家安全保障局の実働部隊六班六〇人です。現行の内閣官房の内部組織である内閣情報調査室（内調）とどう違うのか、一四〇〜一七〇人体制の内調に比し、六〇人でなにができるのか、といった疑問も呈されています。

実働部隊は外務、防衛、警察などの省庁で情報関係にたずさわっている人たちを中心にピックアップ、いろいろな人の言だと、すでに名前までわかっているとのことでした。

六〇人体制でも訓練しだいで十分な役割を果たすことは可能ですが、まだ意図する訓練に入っていないし、むしろ、いまの段階でメンバーのすべてが外部に知られているということは、要するにコンピュータ管理ではあらゆる情報が流出する可能性があり、これではなんの役にも立たないのではないかという懸念が残ります。

もっとも、日本版ＮＳＣはそれが存在すること自体に意味があり、「ある」というだけで情報世界の一つのステータスになるという見方もあります。逆に言えば、日本にはそういうものがなかったため世界からなめられてきたのだ、というわけです。

ただ、アメリカの国家安全保障局（ＮＳＡ）は軍と直結した強大な権限をもつ組織で、法律によって「ＮＳＡ長官には軍隊の中将を充てる」と規定されています。つまり、軍の指揮権をもっています。

また、世間には知られていませんが、役割分担が明確に決められていて、たとえばヒューミント（人的情報収集）はＣＩＡが、シギント（通信的情報収集）はＮＳＡが担当するというように規定されています。

あるだけでもいいとはいっても、アメリカのそれとはあまりにも見劣りするので、ステータスになりうるかどうかは今後の課題でしょう。

日本の内閣情報調査室では、情報収集や分析はおもに警察庁からきたキャリアやノンキャリの現場叩き上げがやっていますが、そこに外務省、公安調査庁のほか、農水省や経産省など情報機関でない省庁からの出向者までが霞が関の一つのビルに集められています。要するに寄せ集めの役所で、一定の期間がきたら原隊へ帰ってしまうのです。

国家安全保障会議がそれとどのように違った組織になるのか、いまのところ曖昧模糊《あいまいもこ》として、明快に答えられる人はほとんどいないでしょう。

総理大臣の直属機関で、下命《かめい》があったら動くことになっているというのでは、ただのシンクタンクと変わるところがありません。

そして、情報工作の「工作」の部分は、いままでは各情報機関がそれぞれ独自にやっていましたが、それが合同になったら、仲間同士で気心が知れないとどうにもなりませんから、まずは宴会からはじめる必要があります。

情報の扱いも各部門でばらばらでしたから、情報共有という文化をつくるところからやっていかなければなりません。しかし、いまはまだ一緒に訓練をするところまでいっておらず、二〇一四年夏ごろから、そのための定義づけや提案がはじまった段階です。

日本版ＮＳＣではすでに情報収集だけはスタートさせていますが、六〇人の工作部隊の体制がガラス張りで、職員の出身母体がわかってしまっているため、結局のところは内閣情報調査室と同じです。一四〇＋α体制の内閣情報調査室でも民間企業やメディアに人をやって国内と国外とに分けて情報収集をしていますが、これと同じことをしていたのでは話になりません。

そこで今後の課題としては、独自に情報関係の精鋭部隊を養成するほかないと思いますが、さいわい日本にはそのためのノウハウがあります。それは自衛隊と警察の連携プレーです。

戦前・戦中の陸軍中野学校が戦後は警察学校として活用されていました。

警察と自衛隊とでは機能が違いますから、どちらが上とか、どっちが偉いとか、そういうことはありません。外交の支えは自衛隊で、国内の治安を支えるのが警察です。公安外事では国外の情報も扱いますが、自衛隊ともっとも相性がいいのは警察です。
つまり、自衛隊と警察とで精鋭による合同の情報本部をつくるための素地はそろっています。その点、法務省の公安調査庁は、自衛隊とも警察ともソリが合わないのでいささかの問題があるかなとは思います。だから宴会なのです（笑）。

有事のときは、国全体の治安と生命防護のため、仕方なく国民に一定のタガをはめる必要がありますが、それを担うのは自衛隊です。警察も治安行動によって共同歩調をとりますが、大きな事案が起きたときには自衛隊が主導権を握らざるをえないでしょう。
つまり、有事のときは自衛隊も警察権を持つことになるし、もとより警察はそれが専門職ですから、結局のところ、戦時中と同じに体制になってしまう可能性があると言う人たちもいます。そうすると、指揮権が相互にぶつかり合って、戦前のゴーストップ事件のように、軍部（自衛隊）と警察が対立することも起こってくるかもしれないとメディアあたりは言うでしょう。

平時には自衛隊と警察は情報の世界でも兄弟みたいに仲がいいけれど、有事のさいには心理的な衝突は避けられないかもしれない。そのへんをどう調整するかという課題はありますが、いまは法が整備され、自衛隊と警察の棲み分けがしっかりできているので、機能が停止してしまうような深刻な事態にはいたらないと考えられます。

アメリカのＦＢＩには全世界の警察から研修員がきます。期間はほぼ三ヵ月間。日本の警察もＦＢＩに研修に行っているし、個人的に視察やショートレクチャーに行く人も少なくありません。そのときにお願いすると、ＦＢＩ本部で展示物も訓練風景までも見せてもらえます。熱心な人には、ポロシャツまでくれます。私がもらったポロシャツには、「ＦＢＩクアンティコ」と書いてあります。

ＦＢＩの展示場には五つの大きなパネルがあり、そのうちの一つにローマ字で「ＹＡＫＵＺＡ」と書かれていて、背中一面に和彫りの入れ墨をした男の等身大より少し大きめの写真が掲げられています。

そのようにして、日本のヤクザは脅威だということを全世界に印象づけつつ、巧みに世論を誘導して、日本に暴力団対策法の制定を迫ってきたわけです。

こういうところのアメリカの持っていき方はじつに巧みです。一方、日本はとくにアメリカからの外圧にはめっぽう弱いときていますから、結局のところ、暴対法も、集団安全保障にしても、日本版ＮＳＣにしても、みなアメリカからの要請があって具体化されてきました。

ただし、たとえば外圧から暴対法が制定されたことによって、日本の治安はよくなったかもしれませんが、反面、反社会組織が地下に潜ることによって、犯罪がより陰湿化する可能性もあり、捜査もしにくくなります。中国マフィアの台頭は、その典型例かもしれません。たとえば脱法ドラッグを危険ドラッグと呼び名を変えて取り締まりをきつくすると、地下に潜るようになるので、麻薬捜査と同じように捜査が大変になります。

表に出ていて、売っている場所がわかっていれば、そこを張っていればいいけれど、すべて密売になってしまったら、よけいに厄介になるという逆の効果もありうるので、ただきつくすればいいというものではなく、難しい面もあります。

日本版ＮＳＣの六班六〇人体制では、たしかにいますぐには大きなことはできないでしょう。安全保障局にきている総務省や国交省などの役人で役に立つのかという指摘もありますが、総務省の中には電波管理局があるので、違法電波のことは調べられます。たとえば北朝鮮が電波に乗せて指令を送ったりしていましたが、それを傍受できる、という具合にそれなりに一芸はもっています。

国土交通省にしても、外局に優秀な海上保安庁をもっているので、公安的な頭脳と知識もあります。同省には地盤に関する技師もいます。けっして無駄というわけではありません。ただ、どこもそうですが、国家公務員試験を通ってきたエリートは、戦うフィールドの実戦ではほとんど使い物になりません。せいぜい国民に情報を提供するくらいのことしかできません。

フィールドで実戦部隊として動けるのは、自衛隊、公安調査庁、警察の三つしかない。外務省も動けるとは言っていますが、外務省で情報の分析をしているのは警察からの出向者です。いずれにせよ、六〇人いたとしても、身元が割れているので、動けばすぐにバレてしまいます。

そうした意味でも、実戦部隊の指揮権はやはり警察とか自衛隊が握るほかないと思います。

日本版ＮＳＣには、公安外事の刑事も入るし、とくにフィールドワークでは、自衛隊の情報本部からきた者が公式部隊の中心的存在になるでしょう。

街へ出て情報収集をするときに、頭脳を使い、かつ足で歩けるには、自衛隊、警察、公安調査庁の三つぐらいからきた人しかいないけれども、これらの人の中には、何年かで出向を終えて原隊に戻る人も出てきます。すると、機密を持ち帰ることになります。

だから、本来は原隊とのつながりをすべて断ち切ってきてもらい、安全保障局を辞めたあとも原隊にも復帰できないようにするなどの規制が必要になりますが、そのへんもまだなにも決まっていません。

敵国側からすると、逆にこういうのができたことによって狙いやすくなる場合もありえます。考え方によっては、その六〇人を狙い撃ちすればいいわけですから、かえって容易になります。ここにあらゆる情報が集まるわけですから、ハニートラップやお金で取り込んで、みんなスノーデン状態にしてしまえば、そこから情報はいくらでもいただけてしまいます。最高指揮官である総理大臣の手の内が全部わかってしまうわけですから、これはうまくありません。

結局、もう一部の機能は動いているけれど、いまの状態では、従来の内閣情報調査室とレベルは変わってはいないというほかないでしょう。

日本版ＮＳＣには警視庁も参加することになるでしょうが、ただ警視庁のほとんどの人は内心ではキャリアをバカにしています。キャリアは五〇〇人しかいないのに、一般警察官は二七万人もいるので、いちいち言うことを聞いているわけがありません。

実際のところ、キャリアは基本的にフィールドワークができません。一方、現場の最前線で捜査にあたっている刑事には自分たちがやるんだという意識が強くありますが、指揮命令系統は法律で決まっているので、それには従わざるをえない。そのあたりのジレンマがあります。

秦野章《はたのあきら》警視総監の時代は、警察庁の意見などにはまったく耳を貸しませんでした。彼は旧制の日本大学の夜間部から高等文官試験をパスして内務官僚になった人です。秦野警視総監のころは動乱の世の中でしたから、失敗して東大エリートに傷をつけさせたくない。そこで、秦野さんが選ばれたという事情があります。一緒に食事をしても豪快で面白いガラッパチなオヤジでした。

日本版ＮＳＣにも秦野さんのような人がいれば、うまく動くようになると思うのですが。日本版ＮＳＣが動きだすと、この国はますます公安優先、安全保障優先になります。ただ、日本版のＮＳＣをつくったというだけで、先進国の日本に対する対応は変わってきます。

とくにドイツは高く評価していますが、じつは初めて東京でサミットがあったとき、偽造パスポートの見分け方など、日本の公安にいろいろと教えてくれたのがドイツの情報機関でした。当時、アラブ系移民が多数流入していたドイツは、テロリズム対策の最先端で、アメリカより進んでいました。

バーダーマインホフやドイツ赤軍といったテロリスト、一部のハネ上がりがネオナチを名乗ったりして、しきりに銀行強盗や誘拐などを繰り返していたため、そうしたことに対応する技術も必然的に高くなってしまったわけです。

私は世界をバックパッカーとして歩いていましたから、偽造パスポートなどはいくらも目にしていました。しかし、その後、自分が公安捜査員になって、たとえばアメリカ大統領の来日などに際し、テロリストや殺し屋が日本に入ってくるかもしれないと言われてもリアル感がなく、当時の日本の公安警察には要人警護の技術すらありませんでした。

そういう時期だったので、ドイツからトップクラスの捜査官が来日、レクチャーしてくれたのはとても有意義でした。

仮想「自民党本部占拠」

「たったいま、自民党本部が外国のテロリストに占拠されました」

こんな第一報が入ったとします。

すると、国家安全保障局のうち、通信担当やリエゾンと呼ばれる各省庁との連絡要員を除き、全員が現場に急行します。防弾チョッキなどは着用していますが、そのときはおそらくカジュアルな服装をしていると思います。周囲を包囲しているところにマスコミ関係者がいるわけはないから、テロリスト側にはバレてはいますが、相手をいたずらに刺激しないため、一応撃たれても大丈夫な装備をしつつも、表面上はカジュアルを装います。

警視庁からは、捜査一課所属のＳＩＴ（特殊捜査班）が駆けつけ、これら二つの組織が直近まで近づいて、その外側をＳＡＴ（特殊急襲部隊）がガードするという陣容をとります。

その一方、裏側でまず動くのが警察庁の外事課、外務省の情報調査局、法務省の公安調査庁の外事担当、それから内密に防衛省の情報本部も含め、これらが一斉に活動を開始します。

指揮権は内閣総理大臣にありますが、それは名目だけです。会社でも社長が全ての権限を握っていますが、実際の仕事は課長あたりが動かしています。それと同じです。実質的には内閣危機管理監が中心になって対応することになるでしょう。

いまの内閣危機管理監はもとは公安の秘密組織の元締めで、東大出のキャリア幹部です。所属は警察庁ですが、内閣の一員になっているので、通常は首相官邸に詰めています。

SATが所持している火器はマシンガンと手投げ弾ぐらいで、しかも手投げ弾は爆発しません。音響閃光弾《おんきょうせんこうだん》（スタングレネード）といって、音がドーンと鳴り、一瞬、強烈な閃光《せんこう》が走りますが、破壊力はありません。

内閣総理大臣が指示を出し、防衛大臣がそれに賛同すると、自衛隊の治安出動になります。これまでそういうことは一度もありませんでしたが、今後は自衛隊の治安出動も可能になります。

それは、たとえばテロリスト側がRPG（対戦車砲）などの武器を持っているとか、自爆用の防弾ベストをつけているとか、ミサイルを持っているとか、警察力だけでは対抗できなくなった場合です。

現場が東京の場合、東部方面総監が、関西地区なら中部方面総監が治安出動して鎮圧にあたります。

自衛隊の恐るべき実力

自衛隊の治安部隊（特殊作戦群）は事案態様に応じた形で市《いち》ケ《が》谷《や》駐屯地《ちゅうとんち》にも常駐しています。任意で自衛隊に入った者から見込がありそうな隊員をピックアップして鍛え上げた精鋭約一二〇人で構成されています（初代の群長は私の空手仲間）。

実際の出番はまだ一度もありませんが、いつ出番がきても即応できるよう訓練を欠かすことはありません。総理大臣から命令があれば、国外にも行きます。

ミサイルこそ保有していませんが、ＭＰ－５機関銃、45口径自動拳銃をはじめ、その他のあらゆる武器を所持しています。その火力をもってすれば、たとえばテロリストに占拠された自民党本部の建物を一瞬にして破壊させることも可能です。

特殊作戦群は地上部隊の特別の兵隊で、極限地域で戦うことを想定しているので、酷暑、極寒はもとより、いかなる環境や状況にも対応できるよう訓練されています。

日本国内の治安維持は本来は警察の仕事ですが、そうした場に自衛隊を出動しやすくするのも、国家安全保障会議設置の目的の一つでした。まだ治安出動をしたことのない自衛隊に、一度は経験させておきたいという意図もあります。

自衛隊特殊部隊は、防衛大学出身者でも、空手の有段者などとりわけ超人的な勇者をトップに据えています。外見はガンダムが人間になったような感じで、その実力を私は身体で確認していますが、イギリスのＳＡＳに匹敵するほどの高レベルです。

メシの食い方が早いのにも仰天させられました。これから戦闘というときには、とにかく食べておかなければなりませんが、食事に時間をかけるわけにもいかないので、ほとんど嚙《か》んでいません。できるだけ両手を戦闘用に空けておかなければならないからです。

私たちが警察学校で学んでいたときは、食事のさいに教官が時間を計測していて、あるときなど五分以上かかるとどつかれました。それがいやで無理やり流し込んでいただけです。しかし、彼らの目的は生き延びるためです。食事中に襲撃されたら、それだけ命を落とす可能性が高くなるからです。

特殊部隊の全員がレンジャー部隊の訓練を受け、資格をもっています。一般の人からみれば、レンジャー部隊の過酷な訓練を耐え抜くことができればそれだけですでに超人の域ですが、特殊作戦群の訓練ではさらにその上を行くわけですから、筋肉は鋼《はがね》のようにカチカチ、ほとんど人間の身体ではなくなっています。

通常の隊員でレンジャー部隊の試験を通った者は一〇〇〇人以上いますが、特殊作戦群は一二〇人ぐらいしかいません。それを考えただけでも彼らの超人ぶりが推察できます。

それに、みんな知能も高い。特殊作戦群の訓練を受けるまでに頭脳と体力で振り落とされていますから、飛び抜けた者しか残っていません。

私たちも東京郊外の山岳地帯で公安捜査員のための過酷な訓練を受けていましたから、警察官の中では超人と言われたものでした。しかし、彼らに比べたら普通の健康人にすぎません。マインドからして違います。私たちが「守り屋（ガードマン）」だとすれば、彼らはそれこそ「殺し屋（キラー）」です。それくらい、警察と自衛隊とでは違います。

特別編　西麻布の危ない話

「オー〇ーカフェ」

真夏の蒸し暑い夜、西麻布のあたりをさまよっていた一〇時半ごろのことです。テレビ局からの急な連絡で、夜中の二時から先日収録した番組の追加録画をするので、午前一時にスタジオ入りするようにとのことでした。

それまでに簡単に腹ごしらえをしておこうと思い、軽食のできる店を探したのですが、開いているのは飲み屋ばかりです。やっと表通りから路地を入ったところにカフェの看板を見つけて入ってみたところ、それほど広くない店内は満杯で、空席が見当たりません。

案内の店員もこないので、出ようかと思ったところ、すぐ左側の四人がけのソファ席に白人女性が一人、ポツンと座っているのが目に入りました。目が合うと首を小さく傾けてニコッとします。

「メイ・アイ?」

反射的に向かいの席を指さして声をかけると、

「シュア」

年のころは二〇代にも見えるし、三〇代半ばにも見えます。ケイト・ベッキンセイルというイギリス出身のハリウッド女優にびっくりするほどよく似た美人でした。

店員は私たちを待ち合わせと勘違いしたようです。彼女は日本語をまったく話さないので、店側とはどうもうまくコミュニケーションがとれていない様子でした。

仕事の前に酒を飲むわけにはいかないので、オレンジジュースとチーズのほか、ちょっとしたつまみのようなものを注文すると、

「こんな時間にどうしてお酒を飲まないの？」

「これから仕事があって……」

「日本人は働きすぎよ」

「そうは言っても、いま働いておかないと、日本では高齢になってから働くことが難しいんですよ」

「私の国は高齢者でも働けます」

そんな会話をしているうちに、彼女がオーストラリアの西南部、パースという町からきた人とわかりました。

「パースには日本人もたくさんいるんじゃないですか」

「ええ、最近はね。昔は白人しか入れない政策でしたから」

白豪主義は戦前の話、一九七〇年代初頭には言葉の上でも全廃されているはずです。

「昔って、あなたはまだお若いじゃないですか」

「ええ、まあ……」

なにか言葉を濁すような様子でしたが、そのときは歴史的な話かと思い、気にもとめませんでした。

「もしかしたらケイト・ベッキンセイルの親戚かなにか？」

軽いジョークのつもりでしたが、妖艶という表現がぴったり、その美しさはお世辞抜きの本物でした。

「よく言われるけど、違うわ。ロンドンにいたことはあるけど、それも昔の話」

また「昔」です。

「私、なんだかお酒を飲みすぎちゃったみたい」

小一時間ほど親しく言葉を交わしているうちに、なんとなく「場所を変えて……」といった雰囲気になりましたが、こちらは仕事が控えています。のんびりしてはいられません。一瞬、「ドタキャン」の文字が脳裏をよぎりましたが、それを振り切るようにして、

「ここにくれば、また会えますか」

「ええ、一〇時半ならたいていいます」

「昼間、どこかでランチでもご一緒できませんか」

「私、昼間はだめなんです。夜しかお会いできません」

「なにかお仕事でも」

「仕事というんでしょうかしら……」

また、言葉を濁しました。

「じゃあ、名前を聞いてもいいですか」

「ボニーと呼んでください」

近いうちにまたくることを約束し、後ろ髪を引かれる思いでその場をあとにしました。

「ケンとボニー、ってか？」

テレビスタジオに向かうタクシーの中で何度もつぶやきながらニヤニヤしていると、運転手が怪訝《けげん》そうに、

「お客さん、なにか言いました？　よほどいいことあったみたいだけど」


気にはなったのですが、当分は予定がつまっていてその店を再訪することはできそうもありませんでした。その翌々日ぐらいです。たいした用もないのに、建築家の友人から電話がかかってきました。

「あのビル、なんとかならないかなぁ」

この五〇男の自慢は「母親が宮沢賢治《みやざわけんじ》の血筋の遠縁」。超有名な建築家の最後の弟子となり、師匠のカバン持ちとして世界中を旅しているうちに、建築の腕より英語のほうが堪能になって、海外では白人女と遊びまわっていたという男です。

その前からしてヘンな経歴です。せっかく東大工学部の建築科に合格しながら、初年度だけ

「オー〇ーカフェ」

でやめて、私学を再受験、また一年からやりなおしたという変わり種です。その理由が、東大はまわりがガリ勉ばかりで遊んでいられない、もっとラクなところに行こうと思った。それでラクな私学に鞍替《くらが》えして、連日連夜、新宿・歌舞伎町で遊びまくったという建築士ですから、本業の腕前のほうは推して知るべしです。

師匠亡きあと、その七光りで五反田《ごたんだ》に設計事務所を構え、そこそこ仕事にも恵まれた中堅どころの建築士ですが、この男には、一つの夢がありました。

銀座の歌舞伎座の近くに小さいビルがあって、所有者は九四歳の女性。そのころ彼はそこがほしくて、おばあさんに売ってほしいと何度も頼み込んでいました。買い取ることができれば、小さいながらも銀座のビルのオーナーになれます。それがこの男の夢でした。ところがおばあさんは死ぬまでここに住むと言い張って、いっこうに首を縦に振ろうとはしません。

私もそのビルを見せてもらいましたが、こういうところに事務所を構えるのがステータスなんだろうなあ、とは理解できました。しかし、私が会った感触からも、所有者の意思は固そうでした。

「あそこは諦めたほうがいい。ビルくらい、ほかにいくらでもあるだろう」

「いや、葬式代だけ出ればいいと言ってるから、破格の値段なんだ。ただ、まだ当分は元気そうだしなぁ」

とりとめもない話の中で、ことのほか白人美女に執着心が強い彼に、二日前の西麻布のカフェでの出来事を話してやりました。

「へえっ、一〇時半に行けばいるんだな、そのボニーさんが」

この建築士は五反田に事務所を開設するにあたり、数人の事務員を募集したのですが、若い女の子、それも自分好みの子しか採用しませんでした。ボーイフレンドがいる子はそれだけで失格。そして、採用した子は全員が「お手つき」。

港区内《みなとく》の高級住宅街には立派な自宅があり、自分よりひとまわりも若い奥さんがいます。古典芸能関係の由緒ある家の出の楚々《そそ》とした古典的美人ですが、標準以上の嫉妬《しっと》深さ。

ダンナのほうは奥さんにぞっこんで頭があがらないくせに、根っからの女好き、浮気性ときていますから、こうした状況でなにも起こらないほうが不思議議です。

私に電話をしてきた翌日の夜、事務所に新卒入社の女の子を呼んで、

「私と君はいまから親密な関係となって、師弟の契《ちぎ》りを結ぶ。今日は大丈夫な日だろうね」

女の子もわかっていて、「はい。では、よろしく」ということで、二人で息を切らしながら、おごそかに固めの儀式を執《と》り行なっている真っ最中、なんの前ぶれもなく奥さんが事務所に入ってきました。もちろん、奥さんだって事務所の鍵を持っています。だれに断る必要もなく入ることもできます。

「あらあら、何をされてるのかしら?」

この男、言うに事欠いて、

「調和の祭典！」

契り合ったままの体勢で、そうのたまったのだそうです。

「あら、そうですか。それはたいへんだこと」

それだけ言い残すと、事務所を出ていってしまいました。夫と若い弟子が繰り広げる荘厳な光景にも、まったく取り乱した様子はなく、終始、目が据《す》わったままだったといいますから、なにか冷徹で怖いものがあります。

「えらいことになった。おれはもう終わりだ。事務所もたたまなければならない。将来はメチャメチャだ」

「ねえ、先生、まだ続けます？　調和が崩れてきたみたいですけど」

気がつけば、すっかり萎《な》えています。

「もういい、帰れ。追って連絡する」

それから事務所で一人で飲んでも、「おれの人生はもう終わりだ」と、そのことばかり気になって、少しも酔いません。このまま帰宅して妻と顔を合わせる勇気も湧きません。

「もう、どうにでもなれ」と覚悟を決めたときにふと思い出したのが、前日、電話で私から聞いた話だったといいますから、どういう神経をしているのでしょうか。

それから支度をして、私が教えてやった西麻布のカフェのドアを入ったのがちょうど一〇時

半。私から聞いた席に、同じように一人で座っていた白人女性に、

「ボニーさん？」

「イエス」

「座っていいよね」

その手のことにかけては手慣れた男ですから、得意の英語で話ははずみます。

「さあ、もっと飲みなよ」とかなんとか、お互いに酒を酌み交わしているうちに、それらしい雰囲気になってきました。そして一一時をすぎたころ、

「出ようか」

ボニーの身体を衣服の上からさわりまくりながら歩いてラブホテルを探しましたが、そのへんにはありません。そのうちにボニーがしなだれかかってきて、「もう立っていられないわ」というので、公園の脇にあった手ごろなビジネスホテルに直行。フロントでニセの住所と名前を書いて部屋に入るや、狂ったように愛し合いました。

ボニーと一緒なら、五反田の事務所も、銀座のビルも、どうでもいい……。

人生終わりどころか、新しい人生の幕開けを感じつつ、三度の情交《じょうこう》の末、泥《どろ》のように眠ってしまったのだそうです。

「ああ、いい女だったなあ。ボニー、もう一度……」

建築士はカーテンをかけ忘れた窓から差し込む朝の光の中で、昨夜の余韻《よいん》に浸《ひた》りながら目を覚ましました。奮闘ぶりを物語るかのように、シーツはめちゃくちゃに乱れ、ねっとりとした生暖かい液体にまみれていました。でも、ボニーの姿はありません。

「どこへ行ったんだ、ボニー」

呼んでも返事がありません。起き出してバスルームを探し、トイレを探し、クローゼットの中まで探しても、まったく見当たりません。ベッドには明らかに愛し合った形跡が生々しく残っています。それなのに、姿どころか彼女の持ち物もなく、床にも自分が脱ぎ捨てた衣類のほかにはなに一つ残されていませんでした。

すぐにフロントに電話をして、

「私の連れは何時ごろ帰ったのかね」

すると意外な返事。

「なにをおっしゃられているのか……。お客さまはお一人でチェックインされたじゃないですか」

「客をからかってるのか！」

声を荒らげました。そのとき建築士は、ボニーはコールガールで、このホテルとグルになって自分をここに連れ込んだのではないかと疑ったそうです。

でも、床に脱ぎ捨てたズボンを拾い上げて尻ポケットを探ると財布はちゃんと残っていたし、中身を抜かれた様子もありません。彼は真っ裸の上にバスローブをまとい、財布だけを持って、裸足で一階のフロントまで駆け下りていきました。

「たいそう酔われているご様子でしたから……」

いくら酔っていたからといって、これほどはっきりと記憶していることが夢や幻覚であるはずがない、建築士はそう確信していました。

「あの女とグルじゃないというなら、防犯カメラの映像を見せてみろ」

「それは規則で……」

押し問答の末、フロント係の手にそっと三万円を握らせると、態度が一変。

「どうぞ、どうぞ、こちらで」

前夜チェックインしたときの映像を何度再生しても、そこには自分しか映っていない。自分のすぐ斜め後ろにいたはずのボニーの姿はまったく記録されてなかったというのです。フロント係になにを聞いても、「わかりません」「知りません」と答えるばかりで埒《らち》があきません。

彼は部屋に戻って改めて確認しましたが、シーツはガビガビに乾いて染みになっています。明らかに自分のものではない茶色っぽい陰毛は重要な証拠物件です。

「やっぱりあれは実体験だ」

ボニーに会う前の記憶もしっかりと残っています。若くて嫉妬深い奥さんに現場をモロに目撃されたのですから、彼の性癖はわかっていたとしても、ただですむとは思えません。なんと言い訳をしていいかもわからないまま、修羅場を覚悟でおそるおそる自宅に戻ったそうです。

「仏頂面《ぶっちょうづら》はしていたけど、いつものままだったので、よけいに気味が悪くて」

とりあえずは修羅場《しゅらば》はなかったようです。そうなると、すぐにも例のカフェに行ってボニーの実在を確かめたいところですが、決断できないままでいた二日後、不動産屋から銀座のビルの件で連絡がありました。九四歳のおばあさんが一転してビルを売ってもいいと言い出したというのです。条件も、介護付き医療付きの高齢者用マンションに入る費用だけ出してもらえればいいというものでした。

この話はとんとん拍子に進み、五〇歳にして晴れて銀座のビルのオーナーになりました。ところが、いいことばかりではなく、その日を境に極度の夜盲《やもう》症を発症して、夜になるとほとんど目が見えなくなりました。私も特別に入手したビタミン剤を提供したりしましたが、いっこうに改善するきざしはありません。

昼間は普通に仕事もできますし、若い女性助手とも適当に遊んでいます。ただ、夜になると外出できなくなったので、西麻布のカフェに行くことも不可能になってしまったということです。

プライベート・クラブの常連たち

建築家が、体験したことの顚末《てんまつ》を行きつけのプライベート・クラブでママに話したところ、会員の一人、外資系銀行の日本人職員がいたく興味を抱いた様子ですり寄ってきました。

「その話、もっと詳しく聞かせてくれませんかね」

この店のママは霊感が強いことで知られた人です。なんでも店が終わったあと、すでに死んだはずの元会員がやってきては談笑していくことがよくあるそうですから。

「それ、ありうる話よ。だって夜しか会えなくて、朝にはあとかたもなくいなくなっているんでしょ。昼間は出てこれないのは、太陽が苦手ということでしょ。昔のことを昨日のことのように言うところも、おおかた符合する。あぶないところがあるから、気をつけたほうがいいわよ」

なにやら話がオカルトっぽくなってきました。私もその種の話は嫌いではありません。

「それって、ゴーストということ?」

「生きていることは生きているんだけど……」

「じつは四〇〇歳とか?　だったら、ケイト・ベッキンセイルの親戚というより、ご先祖様かな」

でも、外資系バンカーの興味はそういうところにはなかったようです。

「それで念願の銀座のビルが手に入ったんだろ。その女と寝たら願いがかなうなんてすごいじゃないか」

「なにかかなえてもらいたい願いでも？」

「ぼくはアメリカの本社勤務になって、白人のレセプショニストやアシスタントを使えるようなオフィスがほしいんだ。日本人はなかなかそこまで行けないから。そのカフェの場所、ぜひとも教えてくれないか」


そのカフェに銀行マンが行ったところ、やはりボニーは一人で座っていた。自分は建築家の友人だと告げると、軽くうなずいて、知っているような素振りだった。それなら話が早いとばかり、「いくらですか？」と聞くと、お金はいらないという。

「じゃあ、いまからすぐ行こう」

店を出るとタクシーで道玄坂《どうげんざか》のホテルに連れていったのだそうです。

そこは全館和室、総檜風呂付《そうひのきぶろつ》き、三時間の休憩で一万二〇〇〇円という純日本式豪華ホテルです。自分は安手のラブホテルやビジネスホテルなんて野暮なことはしない、彼女を喜ばせようと思い切り奮発したつもりだったと言っています。

ところが、その前までくるとボニーは、ここには入れないという。会話は英語ですが、「ここは自分のテリトリーではない」という言い方をしたそうです。じつはそのホテルは「出る」ので有名なところなのです。

それで、そのへんの普通のホテルに入って激しい一夜を過ごし、朝になって目を覚ましたら、太陽がのぼっていて、ボニーの姿はどこにもなかった、というお定まりのコース。

私が銀行マンから直接聞いた話はそこまで。一ヵ月ほどたってクラブのママから聞いたところによると、それからほどなくニューヨークの本社に異動となり、もう日本にはいないとのことでした。

「白人の美人秘書がいて……。でも、このあいだの電話では、アメリカに赴任したとたん腎臓を悪くして、片方を摘出しちゃったんだって」

このプライベート・クラブの常連はママを慕ってくる客が多いだけに、どなたもオカルト的な興味をもった人たちばかりです。

有名な服飾メーカーの社長も足しげく通ってくる常連の一人でした。この社長にはいつも同行する愛人兼マネージャーがいるのですが、じつはこれが男なのです。

流暢な英語を身につけていて、海外からの素材の買いつけや製品の売り込みには、社長の通訳として重要な役割をはたしていました。

マネージャーにはもともと妻子がいましたが、入社するときに社長から二〇〇〇万円もらい、妻子に一〇〇〇万円だけ渡して離婚したといいます。どちらもできる両刀遣《づか》いですから、外で女の子とも適当に遊びつつ、社長のお相手もして、地位と収入が確保されてとてもハッピーな人生だと喜んでいました。

なにしろ、彼の若いころからの夢は、シンデレラボーイだったとか。

社長はゲイですから、ボニーの件にはまるで興味を示しません。身を乗り出してきたのは、マネージャーのほうでした。彼の場合、願いごとがどうこうというより、その妖艶《ようえん》な女性を抱いてみたいという欲望のほうが強かったみたいです。

さっそく社長に内緒で教えられたとおりにカフェを訪ね、ボニーに会って一夜をともにしました。すると、遊び相手にしていた女の子の父親が急死して、娘に莫大《ばくだい》な財産が転がり込んできたそうです。

都内にビルを何棟も所有する資産家の娘だったとわかると、いい気なもので、社長を捨て、会社も辞めて、美人でもなく、ただの遊び相手にすぎなかった女性とちゃっかり結婚してしまいました。

その後、彼の身体になにか異常な事態が起こったかどうかは、本人の口からはなにも語られていません。

「人から生気を奪って何百年も生き長らえている妖怪や魔女の話は、世界のいたるところに伝承されているわよ」

「じゃあ、ボニーは人の願いを聞き入れてやるかわりに、その人から機能の一つをいただいて生きているというわけ？」

常連客の一人、一流大学の経済学部の教授は、カラオケのマイクを握ったらテコでも離さないという鼻つまみ者です。私生活では大の自転車好き。大学への通勤も自転車、アマチュアのロードレースにも参加するなど、ちょっとしたオートバイが買えそうなほど高価な自転車を乗りまわして、その健脚が自慢のタネでした。

その教授の願いは、上を目指すこと。

「まずは学部長になりたいね」

そういう男がこの話に飛びつかないわけはありません。ところが、ボニーと寝た次の日から自慢の脚力が急速に衰えて、大好きな自転車がこげなくなってしまったといいます。

では、この教授の願いはかなったのかというと、例年になく蒸し暑い夏が終わり、学部長選挙はとうに終わって秋風が吹きはじめるころになっても、かなわずじまいでした。

そして、それ以降、自転車の話も、学部長の話も、耳にしたことはありません。

著者略歴

東京都葛飾区に生まれる。祖父外科医、父内科医、母小児科医。早稲田大学卒業。在学中に一年間英国居住。商社を経て警視庁入庁。地域警察（交番等）、刑事警察（盗犯、暴力犯、強行犯等）、公安外事警察（防諜、外国人犯罪、テロ、情報調査等）の捜査に従事。沖縄剛柔流空手六段。日本拳法三段。警視庁柔道二段。全国警察逮捕術大会の優勝チームのコーチを務める。（社）日本安全保障・危機管理学会の顧問、研究講座講師。日本経済大学大学院講師。漫画『まるごし刑事』原作者。

著書には『警察裏物語』（バジリコ）、『日本警察 裏のウラと深い闇』（だいわ文庫）、『悪の経済学』（KKロングセラーズ）、『心理戦で勝つ技術』（KADOKAWA）、『刑事捜査バイブル』（双葉社）など多数。

警察《けいさつ》・ヤクザ・公安《こうあん》・スパイ
日本《にほん》で一番危《いちばんあぶ》ない話《はなし》

二〇一五年五月一五日　第一刷発行
二〇一五年六月　三　日　第二刷発行

著者　北芝《きたしば》　健《けん》
発行者　古屋信吾
発行所　株式会社さくら舎　http://www.sakurasha.com
東京都千代田区富士見一-二-一一　〒一〇二-〇〇七一
電話　営業　〇三-五二一一-六五三三　FAX　〇三-五二一一-六四八一
編集　〇三-五二一一-六四八〇　振替　〇〇一九〇-八-四〇二〇六〇

写真　高山浩数　稲村不二雄
装丁　アルビレオ
印刷・製本　中央精版印刷株式会社

ISBN978-4-86581-011-0